コミュニケーションのための
日本語教育文法

野田尚史・編

くろしお出版

この本の目的と構成　v

コミュニケーションのための日本語教育文法の設計図　野田尚史　1
1. この論文の内容　1
2. 学習者の多様化に対応する日本語教育文法　3
3. 日本語学に依存しない日本語教育文法　5
4. 無目的な文法から聞く・話す・読む・書くそれぞれの文法へ　7
5. 正確さ重視の文法から目的を達成できる文法へ　9
6. 一律の文法から学習者ごとの文法へ　11
7. 骨格部分重視の文法から伝達部分重視の文法へ　13
8. 形式を基盤とする文法から機能を基盤とする文法へ　15
9. まとめ　18

第1部　コミュニケーションのための日本語教育文法の方針　21

コミュニケーションに役立つ日本語教育文法　小林ミナ　23
1. この論文の内容　23
2. これまでの文法教育　24
3. 教科書にみられる話しことば表現　27
4. 「教える内容」の抜本的な見直しを　30
5. 「命令形」は初級では不要　31
6. 「イ形容詞の否定形」は初級では不要　32
7. 「～つもり（だ）」は使われやすい形式を反映していない　34
8. 「～ないです」こそ初級で必要　38
9. まとめ　39

日本語学的文法から独立した日本語教育文法 　　　白川博之　43

1. この論文の内容　43
2. 「学習者の視点」から考えることの必要性　44
3. 学習者の視点と正反対の日本語学的文法　46
4. 学習者の視点に無関心な日本語学的文法　50
5. それでも日本語学的文法をありがたがる思い込み　52
6. コミュニケーションの必要性から出発した文法に　55
7. 文法項目の立て方は，形式単位ではなく用法単位に　57
8. 必要度に基づいて段階的に提示する文法に　58
9. 学習者の勘違いを先回りして防ぐ文法に　59
10. まとめ　61

学習者の習得を考慮した日本語教育文法 　　　田中真理　63

1. この論文の内容　63
2. 初級シラバスと習得能力とのギャップ　64
3. 「やりもらい表現」の解体　66
4. 聞き手に対する配慮　70
5. 「受身表現」の解体　72
6. 初級で必要なヴォイス　74
7. 挑戦的ストラテジー　75
8. 「て」ストラテジー　77
9. 「たら」ストラテジー　79
10. まとめ　80

学習者の母語を考慮した日本語教育文法 　　　井上優　83

1. この論文の内容　83
2. 一律の文法は肝心なことが書かれない　84
3. 一律の文法は学習者にわかりにくい　86
4. 不要な文法説明をなくし，重要な情報を提供する　88
5. 表現の使用の動機や使用の可否がわかる説明にする　91
6. 文法説明を学習者の母語の感覚に合わせる　94
7. 導入順序を学習者の母語の感覚に合わせる　96
8. 学習目的あっての母語別日本語教育文法　98
9. まとめ　101

第2部 コミュニケーションのための日本語教育文法の実際　103

コミュニケーション能力を高める日本語教育文法
フォード丹羽順子　105
1. この論文の内容　105
2. これまでの「まず文法項目ありき」の日本語教育文法　106
3. これまでの無目的な日本語教育文法　110
4. 「ほうがいいです」の教える単位を考える　114
5. 比較疑問文の教える単位を考える　117
6. 「でしょう」の使用と理解を分ける　119
7. 「ましょう」の使用と理解を分ける　121
8. まとめ　123

聞くための日本語教育文法
松崎寛　127
1. この論文の内容　127
2. 「盗み聞き」は会話を「聞く」活動ではない　128
3. 「とにかく理解する」ためには　131
4. 理解のための文法とは　133
5. 明示されない情報の推測　135
6. 聞けなかった情報の推測　136
7. 1文単位の予測　138
8. 談話単位の展開予測　141
9. 理解能力をどうやって身につけるか　142
10. まとめ　144

話すための日本語教育文法
山内博之　147
1. この論文の内容　147
2. 初級文法シラバスの検証　148
3. 習得段階別の発話の特徴　152
4. 「出たとこ勝負」的な能力をつけるために　154
5. タスク先行型の教え方による文法の導入　156
6. タスク先行型の教え方による文法の定着　159
7. コミュニケーション上の挫折を避けるために　161
8. まとめ　164

読むための日本語教育文法　　　　　　　　　宮谷敦美　167

1. この論文の内容　167
2. 読解教材は文型確認用の素材ではない　168
3. 背景知識を活性化させることは必要か　171
4. 音読は「読む」力を高めない　173
5. 精読中心の教育の弊害　175
6. 省略された情報を推測する文法　178
7. 書き手の意図を捉える文法　179
8. 展開を予測する文法　180
9. ひらがな，カタカナ，漢字の優先順位　182
10. まとめ　184

書くための日本語教育文法　　　　　　　　　由井紀久子　187

1. この論文の内容　187
2. これまでの作文教育の問題点　189
3. 言語中心の教育から場面中心の教育へ　191
4. コミュニケーションにおける「書く」と「話す」の違い　193
5. 情報伝達技術に関する教育も必要　195
6. 先生に会ってもらうための伝言を書く　196
7. 「カチン」と来ない依頼メールを書く　199
8. メールの件名，ポスターやチラシの見出し　200
9. 奨学金申請書類の中の「作文」　202
10. まとめ　205

あとがき　207
索　引　211
著者紹介　220

この本の目的と構成

　この本は，日本語を母語としない人たちに対する日本語教育の土台になっている「日本語教育文法」をコミュニケーションに役立つものにしていこうと提案するものである。

　日本語教育の世界でも，かなり前から「コミュニケーションのため」ということが叫ばれ，さまざまな工夫が行われてきた。機械的なドリルを少なくし，現実の場面で使えそうな会話練習を多くするとか，「プロジェクトワーク」のように教室の外で実際に日本語を使う活動をさせるといった試みである。

　しかし，そうした工夫は「教えかたをいかにコミュニカティブにするか」ということが中心であり，「教える内容をいかにコミュニカティブにするか」ということにはあまり関心が向いてこなかった。

　特に，教える内容の土台になっている「文法」を変えようという動きはほとんどなかった。そのため，たとえば「初級文型」は，長い間，ほとんど変わらず，昔のまま温存されてきた。

　現場で教えている教師も，初級で仮定条件の「〜たら」のあとに「〜(れ)ば」が出てきたとき，「教えにくいなあ」とか「教えてもなかなか定着しないんだけど」と思うことがあったはずである。そんなとき，適切な例文やわかりやすい説明を考えたり，練習のしかたを工夫するといったことに精力を使ってきたのではないだろうか。「初級で「〜(れ)ば」を使えるようになる必要はないから，教えないことにしよう」という方向にはなかなか向かわなかった。

　この本は，日本語教育の土台にある文法が変わらなければ日本語教育は大きく変わらないという立場に立ち，日本語教育文法を根本的に見直そうと主張する。

　この本の構成は，次のようになっている。

　最初に，「コミュニケーションのための日本語教育文法の設計図」（野田尚史）では，日本語教育文法の見直しが必要になってきた背景を述べ，コミュニケーションのための教育文法の全体像を描く。

　そのあとの「第1部　コミュニケーションのための日本語教育文

法の方針」には，次の4本の論文が収められている。

「コミュニケーションに役立つ日本語教育文法」（小林ミナ）では，これまでの文法シラバスが実際のコミュニケーションでの頻度や用法といかにかけ離れていたかを解明し，これからの方向性を示す。

「日本語学的文法から独立した日本語教育文法」（白川博之）では，これまでの日本語教育文法が学習者の視点でなく母語話者の視点で作られていたことを指摘し，「日本語学的文法」からの脱却を訴える。

「学習者の習得を考慮した日本語教育文法」（田中真理）では，これまでの文法シラバスと学習者の習得状況に違いがあるとして，やりもらい表現では「～てくれる」を先に教えるといった提案を行う。

「学習者の母語を考慮した日本語教育文法」（井上優）では，学習者の母語によって教える内容を変えるべきであることを，中国語や韓国語を母語とする人たちへの教育内容を中心に例示する。

後半の「第2部　コミュニケーションのための日本語教育文法の実際」には，次の5本の論文が収められている。

「コミュニケーション能力を高める日本語教育文法」（フォード丹羽順子）では，聞く，話す，読む，書く，それぞれで教える文法項目を変えるべきことを，教育現場での経験を元に具体的に説明する。

「聞くための日本語教育文法」（松崎寛）では，実際のコミュニケーション場面で日本語を聞くためには，推測や予測をする能力が重要であるとし，その力を伸ばすための具体的な教育方法を考える。

「話すための日本語教育文法」（山内博之）では，中級以上の学習者が実際に話したときのデータから，実際にどのような文法事項が必要なのかを実証するとともに，「タスク先行型」の教育を提案する。

「読むための日本語教育文法」（宮谷敦美）では，これまでの「読む」教育が文法や語彙の復習になっていたことを反省し，推測能力の養成など，「内容理解」のための教育が必要なことを主張する。

「書くための日本語教育文法」（由井紀久子）では，文法項目の定着を目的とする「作文」教育の弊害を指摘し，場面や読み手との関係を重視した真に実用的な「書く」教育への転換を唱える。

これまでの日本語教育文法を白紙に戻し，コミュニケーションのためには何が必要かを考えると，新しい世界が開けるはずである。この本がそのきっかけになることを願っている。

（野田尚史）

コミュニケーションのための
日本語教育文法の設計図

野田尚史

1. この論文の内容

　日本語の教材は，これまで，次々と新しいものが現れ，古いものが改訂されてきた。それぞれの教材で，会話はなるべく現実的な場面で使える自然なものにしようとするなど，さまざまな工夫がされてきた。

　しかし，教材で取り上げる文法項目は，ほとんど変わることがなかった。たとえば，50年前の初級教科書，*Nihoñgo no hanasikata* (国際学友会日本語学校，1954) で取り上げられている文法項目は，現在の多くの初級教科書と大きな違いはない。文法項目の提出順序や比重の置きかたがかなり変わっただけで，根本的には変わっていない。

　「コミュニケーションのための日本語教育文法」は，日本語の教材に必要な文法項目を含め，日本語教育に必要な文法を根本的に考え直そうとするものである。

　この論文では，日本語教育文法の見直しが必要になってきた背景を説明し，コミュニケーションのための日本語教育文法の基本的な方針を示す。

　まず，日本語教育文法の見直しが必要になってきた背景として，次の(1)と(2)の2点を述べる。(1)については次の2.で，(2)については3.で詳しく説明する。

　　　(1)　学習者の多様化に対応する日本語教育文法：これまでは聞く，話す，読む，書くという4技能を上級まで習得する「エリート日本語学習者」を対象にしてきた。これからは学習者の多様化に対応する文法にする必要がある。

(2) 日本語学に依存しない日本語教育文法：これまでは日本語学で研究された文法をもとにしていたため，それに引きずられてきた。これからは日本語学習者が日本語でコミュニケーションするときに必要な文法にする必要がある。

そのあと，コミュニケーションのための日本語教育文法の基本的な方針として，次の(3)から(7)の5つの方針を示す。

このうち，次の(3)と(4)と(5)は，前の(1)で述べた「学習者の多様化に対応する日本語教育文法」から導かれる方針である。(3)については4.で，(4)については5.で，(5)については6.で詳しく説明する。

(3) 無目的な文法から聞く・話す・読む・書くそれぞれの文法へ：これまでは総合的な日本語能力を育成するという，目的のはっきりしない文法だった。これからは，聞く，話す，読む，書く，それぞれの目的に応じた文法にする。

(4) 正確さ重視の文法から目的を達成できる文法へ：これまでは正確さが重視されてきた。これからは個々のコミュニケーション活動が成功するかどうかを基準に，どんな文法項目を重視し，どんな文法項目を切り捨てるかを決める。

(5) 一律の文法から学習者ごとの文法へ：これまでは教室での一斉授業を前提に日本語教育文法が作られていた。これからは日本語を学習する目的や周囲の環境，母語などの違いに応じてオーダーメイドの文法が作れるようにする。

残りの2つ，次の(6)と(7)は，前の(2)で述べた「日本語学に依存しない日本語教育文法」から導かれる方針である。(6)については7.で，(7)については8.で詳しく説明する。

(6) 骨格部分重視の文法から伝達部分重視の文法へ：これまでの日本語教育文法は文の骨格部分を中心にしてきた。これからは相手とのコミュニケーションに直接関わる伝達部分や社会言語的な能力を重視する。

(7) 形式を基盤とする文法から機能を基盤とする文法へ：これまでは文法形式が先にあり，それを使う場面を作るという方向だった。これからはコミュニケーションの目的が先にあり，その機能を果たすための文法を作る方向にする。

2. 学習者の多様化に対応する日本語教育文法

この 2. と次の 3. では，日本語教育文法の見直しが必要になってきた背景を述べる。

以前に比べ，日本語の学習者人口が増え，学習者の多様化も進んでいる。教材を多様化し，文法もそれぞれの学習者に役に立つ柔軟なものにしていかなければ，学習目的や最終目標，周囲の環境，母語などが違うさまざまな学習者に対応できなくなってきている。

これまでの日本語の教材は，「エリート日本語学習者」を対象にしたものが多かった。エリート日本語学習者というのは，聞く，話す，読む，書くという4つの技能をバランスよく学習し，最終目標を中級や上級レベルに置いている学習者である。その典型は，日本の大学や大学院で勉学するために日本語を学習する人たちである。

しかし，現実には，「エリート日本語学習者」でない，さまざまな目的を持った日本語学習者がたくさんいる。仕事や結婚で日本に来る人たちの中には，聞いたり話したりすることは必要だが，読んだり書いたりすることはあまり必要でない人たちもいる。逆に，海外で日本の雑誌や漫画を読むためだけに日本語を学習している人たちは，聞いたり話したりすることは必要ではない。

最終的な到達目標も，さまざまである。たとえば，留学生でも，授業は英語で済むため，簡単な日常会話だけできればよいという人たちもいる。また，たとえば，海外の観光ガイドの場合，聞くのはインフォーマルな文体も含め，高い能力が必要であるが，話すのはフォーマルな文体だけでよく，読み書きはごく限られたものでよいというように必要な能力が明確な人たちもいる。

そのような多様な学習者に対応するためには，日本語教育文法も，次の(8)から(10)のようなものにしていかなければならない。

  (8) 聞く，話す，読む，書く，それぞれの目的に応じた文法にする。

  (9) 正確さより個々のコミュニケーション活動が成功するかどうかを基準に，どんな文法項目を重視するかを決める。

  (10) 日本語を学習する目的や周囲の環境，母語などの違いに応じてオーダーメイドの文法が作れるようにする。

このうち，1つ目の(8)，つまり，聞く，話す，読む，書く，それぞれの文法というのは，たとえば，次のようなことである。日本

語の初級教材では，次の(11)や(12)のように，「らしい」や「ようだ」が取り上げられていることが多い。

(11) ああいうのが こどもには 人気が あるらしいんですよ。　　　(*An Introduction to Modern Japanese*, p.358)
(12) でも，もう 時間が あまり ないようですよ。
　　　　　　　　　　(*An Introduction to Modern Japanese*, p.359)

しかし，実際の会話では「らしい」や「ようだ」はあまり使われず，「みたいだ」がよく使われる。聞いたり話したりすることを目的とした文法では，「みたいだ」だけを取り上げるのが効率的である。

次に，2つ目の(9)，つまり，目的を達成できる文法というのは，たとえば，次のようなことである。日本語の初級教材では，次の(13)のように，受身文が取り上げられていることが多い。

(13) それに，鈴木さんも子供にジュースをこぼされてしまったんです。　　　　　　(『新文化初級日本語Ⅱ』p.136)

しかし，かなり複雑な複文を自分で使えるようになるまでは，受身文を使わなくても，実際のコミュニケーションに不都合がおきることはあまりない。また，受身文のようにむずかしい文法項目を教えても，すぐに使えるようになるわけではない。中級や上級まで進まない学習者も多いとすれば，将来の基礎のためといってすぐに使うわけではない受身文を導入するのは無駄である。初級では受身文を扱わないほうが，学習者の負担も少なく，効率的である。

最後に，3つ目の(10)，つまり，学習者ごとの文法というのは，たとえば，次のようなことである。日本語の教材には，次の(14)の「〜じゃありません」のように，なるべく自然な話しことばを提示しようとするものがある。

(14) 学生じゃありません。
　　　(*Situational Functional Japanese Volume 1:Notes*, p.7)

しかし，「〜じゃありません」は，特に西日本では，きつく聞こえることがある。「〜じゃない」や「〜じゃないです」は使われても，「〜じゃありません」は使われない地域があるからである。「〜てしまう」の意味の「〜ちゃう」や，終助詞・間投助詞の「さ」のようなものも，学習者の居住地域によっては非常に奇異に受け取られることがある。自然な会話を求めれば求めるほど，方言を重視し，学習者の居住地域に合わせた文法を作れるようにする必要がある。

3. 日本語学に依存しない日本語教育文法

　これまでの日本語教育文法は，日本語研究の成果としての文法を応用するという意識が強く，日本語教育には必要でない部分も取り込んできた。そのような部分を排除し，必要なのに入っていなかったものを取り入れて，コミュニケーションにほんとうに必要な文法にする必要がある。新しいものを取り込むときには，社会言語学的な研究や，習得研究，対照研究の成果も参考にしたい。

　「日本語教育文法」と言えるものをはっきり確立したのは，寺村秀夫だと考えられる。*Basic Japanese*（大阪外国語大学，1967）や*Intermediate Japanese*（大阪外国語大学，1968）という，よくも悪くも文法中心の教材の作成に関わり，その文法を寺村秀夫（1982，1984，1991）で定着させたからである。

　日本語教育のためという目的から出発した寺村の文法は，「日本語学」の分野で，現代日本語の記述的な文法を大きく発展させた。それは，寺村の文法が体系性を持っていたからである。体系性は，体系的でない部分を意図的に排除しなければ得られないものである。寺村の文法でも，体系的にまとめにくい「機能」より，体系的にまとめやすい「形式」を中心に記述するなどの工夫が行われている。

　寺村の文法は体系性を重視することにより日本語学で重要なものになったが，その反面，日本語教育に必要な文法という性格は薄れていく。寺村より後の世代では，その傾向はさらに強くなり，日本語学の文法は大きく発展したが，日本語教育に必要な文法を考え直すことはほとんどなくなっていく。現在の日本語教育文法は，日本語学の文法がすでに日本語教育の目的とは合わないものになっていることに気づかないまま，日本語学に依存しているように見える。

　寺村以前からある伝統的な「文型積み上げ式」の教材はもちろん，その後，台頭してきたコミュニカティブアプローチに影響を受けた教材も，教える文法項目を考え直そうとはしないで，日本語学の論理で研究対象になってきた文法項目を教えようとする傾向が強い。現在の代表的な日本語教材である『みんなの日本語』（スリーエーネットワーク，1998）も，代表的な日本語教育文法の解説書と見られている庵功雄（他）（2000，2001）も，そのような傾向を持っている。

　これまでの日本語教育文法が日本語学から受けた悪影響は，大きく体系主義の悪影響と形式主義の悪影響に分けられる。

まず，体系主義の悪影響というのは，日本語教育での必要度とは関係なしに，体系的にまとめやすい部分を重視し，体系的にまとめにくい部分を軽視する傾向である。

　たとえば，「を」「に」のような文の構造に関わる格助詞を重視し，「ね」「よ」のような聞き手との関係に関わる終助詞を軽視するのは，体系主義の悪影響である。これは，日本語学の文法で体系性の強い格助詞の研究は早くから行われていたのに対して，体系性の弱い終助詞の研究はかなり遅れたことに対応している。

　また，たとえば，受身文を出したら使役文も出す，尊敬語を出したら謙譲語も出すというように，関連する文法項目を揃えて出そうとするのも，体系主義の悪影響である。実際のコミュニケーションでは，受身文に比べ使役文の重要度は低い。使役文は目下の人に動作をさせる場合にしか使えず，目下でない場合は，「～てもらう」文が使われるからである。また，尊敬語に比べ謙譲語の重要度は低い。それなのに受身文と使役文，尊敬語と謙譲語に差をつけないようにするのは，日本語学の体系主義に引きずられているからだろう。

　次に，形式主義の悪影響というのは，機能より形式を中心にして教える文法項目を決めようとする傾向である。

　たとえば，同じ形式に2つ以上の機能がある場合，それらをなるべくまとめて導入しようとする傾向である。「～なら」には次の(15)のような仮定条件の機能と，その次の(16)のような相手の発言を受ける機能があるが，この2つを同じ課で扱う教科書がかなりある。

　　(15)　暇なら，ちょっと手伝ってください。
　　(16)　「海に行きたいなあ。」「海なら，沖縄がいいですよ。」

　また，たとえば，動詞のテ形を導入すると，「～てもいいです」「～てはいけません」など，テ形を使ったさまざまな表現を次々に導入するというように，教える文法項目を形式を中心に決めるのも，形式主義の悪影響である。実際のコミュニケーションでは話したり書いたりする必要がほとんどないのに，「～てもいいです」や「～てはいけません」を早い段階で出すことになってしまっている。

　このように，これまでの日本語教育文法は日本語学の文法に依存し，日本語教育にはあまり必要でないものを取り込んでいた。これからはそのような依存をやめて，どのような文法が日本語教育に必要かを考える必要がある。

4. 無目的な文法から聞く・話す・読む・書くそれぞれの文法へ

前の2.と3.では日本語教育文法の見直しが必要になってきた背景を述べたが，このあとの4.から8.では，そうした背景から導かれる新しい日本語教育文法の基本方針を説明する。4.から6.は，前の2.で述べた「学習者の多様化」に対応した方針，7.と8.は，前の3.で述べた「日本語学に依存しない文法」に対応した方針である。

まず，この4.では，これまでの日本語教育文法が，聞く，話す，読む，書くという実際のコミュニケーション活動の違いを考えない「無目的な文法」だったのを，それぞれのコミュニケーション活動に必要な文法にする必要があるということを述べる。

聞く，話す，読む，書くという4つのコミュニケーション活動は，次の表1のような関係になっている。

コミュニケーションの手段については，音声を使う「聞く」「話す」と，文字を使う「読む」「書く」に分けられる。コミュニケーションの活動については，言語を理解する「聞く」「読む」と，言語を使用する「話す」「書く」に分けられる。

表1 聞く・話す・読む・書くの関係

手段＼活動	理 解	使 用
音 声	聞 く	話 す
文 字	読 む	書 く

これまでの日本語教育文法には，聞く，話す，読む，書くというそれぞれの活動に応じた文法を作るという意識はなく，どの活動にも中立的な文法を作ってきた。それは，悪くいえば，何のために文法を作るのかがはっきりしない，目的のない文法であった。

これからの日本語教育文法では，聞く，話す，読む，書くという4つのコミュニケーション活動の違いに応じて，聞くため，話すため，読むため，書くためという，それぞれの目的に応じた文法を作ったほうがよい。それぞれに重なりがあるとしても，基本的にそれぞれの文法は違うからである。

手段として音声を使う「聞く」「話す」と，文字を使う「読む」「書く」の違いとしては，たとえば，「飲む」や「雨だ」のような「です」「ます」が付かない普通形の意味がそれぞれで大きく違うことがあげられる。「聞く」「話す」では，普通形は聞き手が親しい人だったり目下だったりするときに使うものであり，「ね」や「よ」のような終

助詞が付かないと，不自然に聞こえることがある。それに対して，「読む」「書く」では，普通形は聞き手を特に意識しないときに使うものであり，終助詞が付かない。このように普通形の機能は，「聞く」「話す」と「読む」「書く」では大きく違うので，同じものとして扱うのは危険である。

また，言語を理解する「聞く」「読む」と，言語を使用する「話す」「書く」の違いとしては，たとえば，同じ形式でも，教える段階が大きく違ってよいことがあげられる。たとえば，仮定条件の「～(れ)ば」は，高いレベルになるまでは聞いたり読んだりして理解できるだけでよい。自分から話したり書いたりする必要はない。仮定条件としては，「～たら」が使えれば，十分だからである。

さらに，「聞く」「話す」「読む」「書く」のそれぞれの必要度の違いも考える必要がある。たとえば，レストランの場面を教材にするときは，店のスタッフが話すことは理解できればよいだけである。多くの学習者にとって，スタッフが話すことを話せる必要はない。

現在の教材の多く，特に初級の場合は，「聞く」「話す」「読む」「書く」の文法を分けては考えていない。そのため，不必要な練習が繰り返されている。たとえば，次の(17)のような練習である。

(17)　A：①来週の　月曜日に　来て　ください。
　　　　　②今週は　①来なくても　いいです。
　　　B：はい，わかりました。
　　　1)　①　上着を　脱ぎます
　　　　　②　下着

　　　　［以下，省略］

　　　　　　　　　　　　（『みんなの日本語 初級Ⅰ 本冊』p.143）

これは，下線部分を指定された語句にかえ，「下着は脱がなくてもいいです」のような形を作る練習だが，「［動詞］てもいいです」を使うことになるのはすべて病院のスタッフである。多くの学習者は，「［動詞］てもいいです」は理解できればよいだけであり，使う必要はないのに，「聞く」と「話す」の必要度を分けていないため，このような練習が行われるのである。

コミュニケーションのための文法を作るには，聞く，話す，読む，書く，それぞれの活動に対して，それぞれに必要な文法を作らなければならない。具体的なことは，この本の第2部で詳しく扱う。

5. 正確さ重視の文法から目的を達成できる文法へ

　これまでの日本語教育では，正確さを重視してきた。ある文法形式を教えるときも，正確に理解できるとともに，正確に使用できるようにさせようとすることが多かった。正確に使用できるようにならないと，その文法項目を習得したことにならないという強迫観念があったからだろう。

　たとえば，初級教科書でも，謙譲語を教える課では，次の(18)のような練習問題が並んでいることが多い。

　　(18)　例：日曜日　どちらへ　いらっしゃいますか。（展覧会）
　　　　　　　→展覧会に　参ります。
　　　　1)　お名前は　何と　おっしゃいますか。（ミラー）→
　　　　　　［中略］
　　　　4)　日本の　首相の　名前を　ご存じですか。（はい）→
　　　　　　　　　　　　（『みんなの日本語 初級Ⅱ 本冊』p.206）

　しかし，「参る」や「存じている」は，ビジネス場面で日本語を使う学習者でない限り，日常のコミュニケーションで聞いたり読んだりする機会はほとんどないはずである。これらを話したり書いたりしなければ失礼になるような状況もほとんどないと言ってよい。

　多くの学習者にとって，謙譲語は初級レベルではまったく必要ないだけでなく，中級や上級レベルになっても，正確に使用できる必要はないだろう。「参る」や「存じている」を聞いたり読んだりしたときに，その意味がわかれば十分である。「［自分の姓］と申します。」のような表現が必要な学習者には，その形だけ教えればよいだろう。

　このように，日本語教育文法を，正確さ重視の文法から目的を達成できる文法へ変えるときには，次の(19)から(21)のような基本方針によって，何を重視し，何を重視しないかを決める必要がある。

　　(19)　誤解を与える誤用は重視し，誤解を与えない誤用は重視しない。
　　(20)　一生懸命教えても習得されない文法項目は，重視しない。
　　(21)　目的を達成するために必要なさまざまなストラテジーは，体系的でなくても，重視する。

　このうち，1つ目の(19)，つまり，誤解を与える誤用と与えない誤用の区別は，次のようなことである。次の(22)の「かけました」は「かけてきました」などにしなければならない。その次の(23)の

「来ました前に」は「来る前は」などにしなければならない。

　(22)　*森さんが電話をかけました。[「私にかけた」の意味で]
　(23)　*日本に来ました前に、高校で教えていました。

　この2つの誤用のうち、(22)のようなものは重視するが、(23)のようなものは重視しないということである。

　(22)は誤解を与える可能性が高い。このままでは「森さんが私ではないだれかに電話をかけた」という意味に解釈されるからである。それに対して、(23)はこのままでも誤解を与えることはほとんどない。この文を聞いた人はそれをほとんど無意識に修正して本人の意図どおりに理解してくれる可能性が高いからである。

　次に、2つ目の(20)、つまり、教えても習得されない文法項目は重視しないというのは、次のようなことである。初級教科書で教えることが多い文法項目の中で、次の(24)のようなものは比較的早く自分から使えるようになるが、その次の(25)のようなものはなかなか使えるようにならない。

　(24)　～たい、～は～が好きだ、～から、～とき
　(25)　～ておく、受身文、～ように、～と[条件]、尊敬語

　この(25)のように、教えても使えるようにならないものは、理解できるだけでよいことにしたり、中級より後の段階に回すなどして、学習者の負担を軽減させたほうがよい。

　最後に、3つ目の(21)、つまり、目的達成のためのストラテジーの重視は、たとえば、次のようなことである。京都・大阪・神戸が地理的に近く、天気も大きく違わないという知識があれば、ラジオの天気予報で京都の天気を聞きとるとき、「神戸は晴れ」「大阪は晴れ」と聞けば、「京都も晴れ」だろうと予測できる。そのような予測は、言語的なものではなく、常識的なものである。しかし、そのようなストラテジーで目的を達成できることがある。そのため、そのようなストラテジーを軽視したり排除したりすべきではない。

　具体的には、「神戸は雪、大阪は晴れ、京都は雨」といった音声を聞かせ、京都の天気を聞きとらせるような「聞く」練習は、常識を働かせないようにするものなので、よくないということである。

　このように、正確さより、目的を達成できるかどうかを優先させて必要な文法項目を考え直すとともに、狭い意味では文法項目と考えられないストラテジーも重視したい。

6. 一律の文法から学習者ごとの文法へ

これまでは，ほとんどの教材が教室での一斉授業で学習者が同じ内容を学習するということを前提に作られてきた。しかし，学習者の多様化に合わせ，そのような前提をなくせば，さまざまな試みが可能になる。つまり，それぞれの学習者のニーズに合わせて，学習する内容を変えるということである。

紙のテキストと，録音された音声を再生する機器だけを使っていた時代には，学習者ごとに学習内容を変えることはむずかしかったが，今はさまざまな機器が使える。たとえば，パソコンで，学習者それぞれの状況や目的などを入力すれば，その条件にあった教材が提示されるようなものが考えられる。また，パソコン画面に現れた人物の発話を聞き，それに答える声をマイクで入力すれば，その答えに応じて，次々に会話が展開されるという教材も夢物語ではない。

そのような状況では，次の(26)から(28)のような条件ごとに，それぞれの学習者の学習内容を変えたほうがよい。

(26)　聞く，話す，読む，書く，それぞれの活動の必要度
(27)　学習者の居住地域やコミュニケーションをする主な相手
(28)　学習者の母語

このうち，1つ目の(26)，つまり，それぞれのコミュニケーション活動の必要度については，前の「**4. 無目的な文法から聞く・話す・読む・書くそれぞれの文法へ**」で取り上げた。

次に，2つ目の(27)，つまり，居住地域やコミュニケーションの相手というのは，次のようなことである。たとえば，ビジネス場面で日本語を使う必要がある学習者は，次の(29)のようなフォーマルな表現を学習する必要があるが，交換留学生として日本の高校に来る学習者は，このような表現を学習する必要がない。

(29)　そうですか。早速ですが，金利の動向につきましては，
　　　社長はどのように見ておられますか，お聞かせいただきたいと思います。　　（*Japanese for Professionals*, p.117）

また，学習者の居住地域の方言を聞いて理解する必要があれば，次の(30)のような表現を理解できるようにしなければならない。

(30)　見ててや。（『聞いておぼえる関西(大阪)弁入門』p.26）

こうしたことは，これまでのコミュニカティブな教材でもある程度，考えられてきたが，学習者の条件だけでなく，狭い意味での「文

法」にも十分，配慮しなければ，学習者に負担をかけることになる。

たとえば，「行きます」「飲みます」のようなていねい形より「行く」「飲む」のような普通形を聞いたり話したりすることが多い学習者がいたとき，普通形のほうが必要度が高いという判断だけで普通形を先に学習させてよいかどうかである。

「行きます」のようなていねい形は，どんな動詞でも，最後の「す」を「した」に変えれば過去形になるなど，形を作るのが非常に簡単である。それに対して，「行く」のような普通形は，動詞によって「行った」「飲んだ」などと形が変わるため，ていねい形よりかなり習得がむずかしい。また，普通形で話すときは終助詞をつけるなどしないと不自然な感じがするといったむずかしさもある。

そのような点を考えた上で，なお普通形を先に学習させるほうがよい状況にある場合にかぎり，普通形を先に出すべきである。その場合も，形を作るときのむずかしさに十分な配慮が必要である。

ていねい形を先に出す場合でも，形の作りかたについては，狭い意味での「文法」を生かさなければならない。たとえば，*An Introduction to Modern Japanese* (The Japan Times, 1977) では，普通形が本文に出てくるのは第9課なのに，第4課の「～ます」を説明するところで，「辞書形」（非過去肯定の普通形）から「～ます」の形を作る説明が出てくる。また，第7課では辞書形からテ形を作る説明があり，辞書形からテ形を使った「～てください」の形を作らせる代入ドリルがある。

まだ出てきていない形をもとにその課で学習する形を教えようとするのは，ていねい形の「～ます」の形からテ形など，さまざまな形が作れることを無視して，すべての形を辞書形から作らせようとするからである。狭い意味での「文法」を無視すると，このように，学習者に負担をかけることになる。

最後に，3つ目の(28)，つまり，学習者の母語というのは，次のようなことである。たとえば，韓国語話者にとっては，日本語の文の構造は韓国語に似ているため，基本的な説明を受けたり多くの練習をしたりしなくてもよい文法項目がたくさんある。格助詞の使い分けや，「は」と「が」の使い分けなど，そのような文法項目は多い。

現在の教材は，母語への配慮がないものが多い。韓国語版の文法説明書でも韓国語話者向けに作られた教材でも，その内容は他の言

語のものとあまり変わらないことが多い。

　韓国語話者に対しては，基本的に日本語と同じ部分の説明はごく簡単に済ませ，日本語と韓国語が違うところの説明を詳しくするという工夫が必要になる。

　漢字の教育では，漢字系の学習者と非漢字系の学習者を分けて考えるのが普通になっているが，文法でも，学習者の母語によって，学習内容を変えることにもっと積極的に取り組まなければならない。

7. 骨格部分重視の文法から伝達部分重視の文法へ

　前の4.から6.では，「学習者の多様化」に対応した日本語教育文法の基本方針を述べた。このあとの7.と8.では，「日本語学に依存しない文法」に対応した日本語教育文法の基本方針を述べる。

　まず，この7.では，これまでの日本語教育文法は文の骨格部分を重視していたが，これからはそれを改め，相手とのコミュニケーションに直接関わる伝達部分をもっと重視しなければならないということを述べる。

　これまで重視されてきた文の骨格部分というのは，文の述語とそれに結びつく格成分が代表的なものである。述語はそれ自身が活用し，「飲む」であれば「飲まない」「飲めば」などさまざまな形になるほか，「飲ませる」「飲んでおく」「飲むそうだ」など，助動詞や補助動詞と結びついて，さまざまな形を作る。格成分は，「お茶を」のように，名詞に「を」や「に」などの格助詞がついたものである。これまでは，述語のさまざまな形や格助詞などが重視されてきた。

　それに対して，これから重視しなければならない伝達部分というのは，文法項目の中では，コミュニケーションの相手がどんな人であるか，また，自分と相手がどのような情報を持っているかといったことで変わるものである。具体的には，普通形とていねい形の使い分け，終助詞の「ね」や「よ」のようなものがあげられる。

　また，狭い意味での文法項目ではないが，コミュニケーションにとって重要な事項，つまり，どんなときにどうお礼を述べるのが安全か，どんなときにどう謝るのが安全かといった情報も含まれる。たとえば，学生どうしであれば隣の人の文房具を借りるときに声をかけずに借りるのが普通だと思っている学習者もいるだろうが，借りる前に「ちょっと，消しゴム，貸してくれない？」のように声を

かけないと失礼な人間だと思われるというようなことである。

　このように，骨格部分より伝達部分を重視することにすると，次の(31)と(32)のような基本方針によって，何を重視し，何を重視しないかを決める必要がある。

　　(31)　聞き手や読み手の感情を害する誤用は重視し，感情を害さない誤用は重視しない。
　　(32)　文の骨格より，依頼をするときの話の進めかたのような，コミュニケーションのストラテジーを重視する。

　このうち，1つ目の(31)，つまり，相手の感情を害する誤用を重視するというのは，次のようなことである。たとえば，次の(33)と(34)の誤用では，(33)のようなものは重視するが，(34)のようなものは重視しない。

　　(33)　「それは触らないでください！」「*そうですね。」
　　(34)　*駅の前に待っています。

　(33)の「そうですね」は相手の感情を害する可能性が高い。「そうですね」と答えると，謝らずに，触ってはいけないことを確認しているだけというように聞こえるだけでなく，「ね」によって「触ってはいけないことを知っていたのに触った」というニュアンスを感じさせてしまう可能性もあるからである。それに対して，(34)は相手の感情を害する危険が少ない。この文を聞いた人はほとんど無意識にそれを修正して聞いてくれる可能性が高いからである。

　次に，2つ目の(32)，つまり，コミュニケーションのストラテジーを重視するというのは，狭い意味での文法ではなく，社会言語能力を重視するということである。たとえば，依頼をするときに，どのように話を切り出し，どんな形式で頼むのがよいか，また，どんな場合にどのように理由を述べるのがよいか，また，依頼の相手によって，依頼のしかたをどう変えればよいかといったことである。

　話の切り出しかたとしては，次の(35)のように，最初に「すみません」を使うというストラテジーを教える教材もあるが，コミュニケーションということを重視すれば，「あの，ちょっと，すいませんが」を使うほうが，相手に受け入れてもらいやすくなるだろう。

　　(35)　ワン：すみません，コインランドリーの使い方を教えてください。　　　　　　　（『新文化初級日本語Ⅰ』p.82）

　また，依頼をするときには，「〜てください」や「〜てくださいま

せんか」のような依頼の形式を使うより，次の(36)のように，希望の形式を使うほうが，ていねいと受け取られることも多い。

(36) あの，ちょっと，コインランドリーを使いたいんですが。

最近の教材は，このようなストラテジーを重視しようという方向にはあるが，会話例を示すだけで，それをきちんと練習させようとはしていないことが多い。たとえば，『みんなの日本語』（スリーエーネットワーク，1998）の会話例には，次の(37)のように，かなり自然な断りかたが出てくるが，練習にはそのようなものはない。その次の(38)のようなものだけである。

(37) 木村：金曜日ですか。
　　　　　　金曜日の　晩は　ちょっと……。
　　　　　　　　　　　　　　　　（『みんなの日本語 初級Ⅰ 本冊』p.73）
(38) Ｂ：すみません。来週の　土曜日は　②仕事が　ありますから。　　　　（『みんなの日本語 初級Ⅰ 本冊』p.77）

このようなコミュニケーションのストラテジーは，話すための教育ではかなり考えられるようになってきているが，書くための教育では遅れている。メールで依頼をするとき，どんな「件名」をつけ，どんなことをどんな順序で書くのがよいかといったことである。

これから，話すための教育でもっと大胆な試みを行うとともに，書くための教育でも，コミュニケーションのストラテジーを習得できるような教材を作ることが必要である。

8. 形式を基盤とする文法から機能を基盤とする文法へ

これまでの日本語教育文法では，「テ形を教える」「受身文を教える」というように，文法形式を教えるという意識が強かった。場面や機能を中心に構成されているように見える教材でも，特に初級教材では，教えるべき文法形式が先にあり，それを教えるために，その形式が出てくる場面や機能を考えだしたようなものが多かった。

それに対して，コミュニケーションのための日本語教育文法では，文法形式から出発することをやめる。まずコミュニケーションの目的があり，その目的を達成するために必要な機能を果たす文法形式を教えるという方向性をとりたい。

ここでは，これまでの教材が，見た目以上に文法形式を重視し，文法形式から出発していたことを「〜ましょう」と，「私がきのう

買った本」のような名詞修飾節を例に説明し，それをどう変えていけばよいのかを考える。

最初に，「～ましょう」を取り上げる。「～ましょう」は初級教科書のかなり前のほうで扱われることが多い。たとえば，*Situational Functional Japanese*（凡人社，Second edition, 1994-1995）では，第3課で，次の(39)のような例とともに文法説明がある。

(39) いっしょに行きましょう。
　　　(*Situational Functional Japanese Volume 1:Notes*, p.60)

このような「～ましょう」は，一見，「誘い」の機能を持つ形式を導入するために取り上げられているように見える。しかし，実際には，「誘い」の機能は，前の(39)のような「～ましょう」ではなく，次の(40)ような「～ませんか」で表されることが多い。

(40) いっしょに行きませんか。

それなのに早い段階で「～ましょう」が取り上げられるのは，文法形式から出発しているからだと考えられる。「～ましょう」が取り上げられる位置は，「～です」の文型から始まり，「～ます」の文型が導入されたあと，テ形が導入される前ということが多い。そのような位置で扱われるのは，「～ます」が出てきたら，「～ません」や「～ました」とともに「～ましょう」も含め，「～ます」の活用をすべて教えたいという動機からだと考えられる。前の(40)のように「～ませんか」を使うのでは，新しい形式を教えることにならないので，なんとか「～ましょう」を使ってもよさそうな例文や状況を考えだしたのだろう。

形式を基盤とするこのような文法を，機能を基盤とする文法に変えるためには，「～ましょう」という形式を教えるという考えを捨てることが必要である。コミュニケーションのための日本語教育文法では，「誘い」という機能を持った形式を教えることにする。そうすると，「～ましょう」ではなく「～ませんか」を教えることになる。

「申し出」という機能を持った形式を教えるときには，次の(41)のような「～ましょうか」が必要になる。ただし，実際に「申し出」をするような状況は限られているので，早い段階で話したり書いたりできるようにする必要はないだろう。

(41) 木村さんに聞いてみましょうか。

次に，「私がきのう買った本」のような名詞修飾節を取り上げる。

名詞修飾節は初級の中ほどで扱われることが多い。*Situational Functional Japanese*（凡人社，Second edition, 1994-1995）では，第10課で次の(42)の下線部のように形容詞類が名詞を修飾する形を導入し，第13課でその次の(43)の下線部のように動詞が名詞を修飾する形を導入している。

　　(42)　<u>きれいなセーター</u>を買いたいんです。
　　　　　(*Situational Functional Japanese Volume 2:Notes*, p.37)
　　(43)　これは，<u>田中さんが先週買った本</u>です。
　　　　　(*Situational Functional Japanese Volume 2:Notes*, p.140)

「［名詞］の」で名詞を修飾したり，この(42)のように形容詞類で名詞を修飾したりする形はよく使われる。しかし，(43)のように動詞を含む節で名詞を修飾する形は，日常の話しことばではあまり使われない。特に名詞修飾節の中に「田中さんが」のような主語を含むものが使われることは非常に少ない。

それなのにこの(43)のような形がかなり早い段階で取り上げられるのは，名詞や形容詞類が名詞を修飾する形だけでなく，動詞が名詞を修飾する形を早めに取り上げることによって，名詞を修飾する形のすべてを揃えたいという意識があるからだろう。動詞が名詞を修飾する形の中でも，(43)のように名詞修飾節の中に主語が含まれるものまで扱うのは，節の中では「田中さんは」ではなく「田中さんが」の形になることをいっしょに説明したいからである。

この教科書では，次の(44)のように節の中の主語が「の」で表される場合までも説明しているが，これも名詞を修飾する形のすべてを取り上げたいという意識から出たものだろう。

　　(44)　［田中さん　の／が　作った］料理　はおいしかった。
　　　　　(*Situational Functional Japanese Volume 2:Notes*, p.143)

形式を基盤とするこのような文法を，機能を基盤とする文法に変えるためには，名詞修飾節の形を教えるのではなく，名詞を限定する機能を持った表現を教えるという考えかたに変えなければならない。そうすると，「山田さんのセーター」や「きれいなセーター」のような形は早い段階で出てくることになる。しかし，「話す」活動では，「田中さんが作った料理」のような形は，特に出てこないことになる。動詞で名詞を限定する形としては，「あそこにあるセーター」のように，節の中に主語がないものだけで十分である。

主語を含む名詞修飾節は，複雑な文章を読むようになった段階で，名詞修飾節の構造がわかり，意味が解釈できるようになればよい。
　このように，これまでの教材は，場面や機能を中心にしているように見えるものでも，文法形式から出発し，文法形式にこだわっているものが多い。思い切って不必要な文法形式は捨て，コミュニケーションの目的から出発し，機能を基盤にした文法にしていきたい。

9. まとめ

　ここまで述べてきたことをまとめると，次のようになる。
　この本で日本語教育文法の見直しを主張する背景として，次の(45)と(46)の2点をあげた。

- (45) 学習者の多様化に対応する日本語教育文法：読んだり書いたりする必要がない学習者や，中級以上の日本語能力を必要としない学習者など，学習者の多様化に対応する必要が出てきた。
- (46) 日本語学に依存しない日本語教育文法：日本語学の文法研究の成果に引きずられないで，日本語学習者が日本語でコミュニケーションするときに必要な文法を新たに作る時期に来ている。

　このうち，(45)の「学習者の多様化」という背景から，次の(47)から(49)の方針を導き出した。

- (47) 無目的な文法から聞く・話す・読む・書くそれぞれの文法へ：聞く・話す・読む・書く，それぞれの能力を育成するために，聞く・話す・読む・書く，それぞれの文法を別々に作る。
- (48) 正確さ重視の文法から目的を達成できる文法へ：誤解を与えない誤用は見逃したり，教えても習得されない可能性が高い文法項目は切り捨てるなど，コミュニケーション活動が成功することを目的として，教える文法項目を選ぶ。
- (49) 一律の文法から学習者ごとの文法へ：学習者によって，日本語を学習する目的や周囲の環境，母語などが違う。一律の教材を前提にしないで，それぞれの学習者に応じたオーダーメイドの文法が作れるようにする。

　一方，前の(46)の「日本語学に依存しない日本語教育文法」とい

う背景から，次の(50)と(51)の方針を導き出した。

(50) 骨格部分重視の文法から伝達部分重視の文法へ：相手の感情を害する誤用を重視したり，コミュニケーションのストラテジーを重視するなど，相手とのコミュニケーションに直接関わる伝達部分や社会言語的な能力を重視する。

(51) 形式を基盤とする文法から機能を基盤とする文法へ：文法形式が先にあり，それを使う場面を作るという方向ではなく，コミュニケーションの目的が先にあり，その機能を果たすための文法を作る方向にする。

コミュニケーションのための日本語教育文法のこのような方針をさらによく理解できるように，次の(52)から(54)の3つを付け加えておきたい。

(52) ここで示した方針に従うと，狭い意味での「文法」を大きく超えることになる。それでも「文法」という用語を使うのは，コミュニケーションに関わる事項を付け加えるだけでなく，狭い意味での文法も大きく変えたいからである。

(53) 新たに教えるべき事項を増やしていくだけでは，学習者の負担がどんどん増えていってしまう。「この表現はこのレベルでは話せなくてよい」というように，不必要な事項を削っていくことも重要である。

(54) 単に学習者のニーズを優先するのではなく，文法的なことをよく考えて，教材を作るようにしたい。そこが従来の「コミュニカティブな教材」との違いになる。

この「コミュニケーションのための日本語教育文法」の最終目標は，「文法書」を作ることではなく，「教材」を作ることである。教材に生かされて初めて「日本語教育文法」と言える。

調査資料

『聞いておぼえる関西（大阪）弁入門』，岡本牧子・氏原庸子・山本修（著），真田信治（監修），アルク，1998．

『新文化初級日本語Ⅰ』，文化外国語専門学校日本語課程（編），文化外国語専門学校（発行），凡人社（発売），2000．

『新文化初級日本語Ⅱ』，文化外国語専門学校日本語課程（編），文化外国語専門

学校(発行),凡人社(発売),2000.
『みんなの日本語 初級Ⅰ 本冊』,スリーエーネットワーク(編),スリーエーネットワーク,1998.
『みんなの日本語 初級Ⅱ 本冊』,スリーエーネットワーク(編),スリーエーネットワーク,1998.
An Introduction to Modern Japanese, Osamu Mizutani and Nobuko Mizutani, The Japan Times, 1977.
Basic Japanese: Intensive Course for Speaking and Reading, Volume 1, Volume 2, 大阪外国語大学留学生別科日本語研究室(編), 大阪外国語大学留学生別科日本語研究室, 1967.
Intermediate Japanese ――中級日本語――, Volume 1, Volume 2, 大阪外国語大学留学生別科日本語研究室(編), 大阪外国語大学留学生別科日本語研究室, 1968.
Japanese for Professionals(ビジネスマンのための実践日本語), 国際日本語普及協会, 講談社インターナショナル, 1998.
Nihoñgo no hanasikata,(*How to speak Japanese*), 国際学友会日本語学校, 1954.
Situational Functional Japanese Volume 1: Notes, Second Edition, 筑波ランゲージグループ, 凡人社, 1995.
Situational Functional Japanese Volume 2: Notes, Second Edition, 筑波ランゲージグループ, 凡人社, 1994.

引用文献

庵功雄・高梨信乃・中西久実子・山田敏弘(著),松岡弘(監修)(2000)『初級を教える人のための日本語文法ハンドブック』スリーエーネットワーク.
庵功雄・高梨信乃・中西久実子・山田敏弘(著),白川博之(監修)(2001)『中上級を教える人のための日本語文法ハンドブック』スリーエーネットワーク.
寺村秀夫(1982,1984,1991)『日本語のシンタクスと意味Ⅰ,Ⅱ,Ⅲ』くろしお出版.

第1部

コミュニケーションのための日本語教育文法の方針

コミュニケーションに役立つ日本語教育文法

小林ミナ

1. この論文の内容

　教室で教えた文法項目が教室の外でのコミュニケーションにつながるように，日本語教育の現場ではさまざまな工夫がなされている。たとえば，新しい文型を導入する際，学習者に身近な話題や場面を使うようにしたり，ある文型が自然に出てくる状況を作るためにインフォメーション・ギャップを生じさせたりといったようにである。ただし，それらは，「文型導入の場面設定」や「教室活動の見直し」というように，もっぱら「教え方」の工夫に関わるものであり，「教える内容」そのものは，これまで大きく見直されてはこなかった。

　しかし，学習者の多様化に対応するためには，言い換えれば，一人一人の学習者が，自分のコミュニケーションに必要な日本語を効率よく学んでいくためには，「教え方」を工夫するだけでは十分ではなく，「教える内容」についても抜本的な見直しが必要だと考える。

　ここでは，コミュニケーションに役立つ日本語教育文法に必要なことがらを，日本語教育の立場から整理・概観する。

　まず，これまでの文法教育を「教える内容」，すなわち，文法シラバスの観点から検討し，次の3つを指摘する。（1）については次の2.で，（2）については3.で，（3）については4.で，それぞれ取り上げる。

（1）　初級の文法シラバスには，共通理解が得られているが，中級，上級は，必ずしもそうではない。この背景には，「初級では文型に関わる要素を教える。中級以降では複合辞や機能語を教える」という流れをもった文法教育観がある。

（2）　教科書のモデル会話や練習問題には，「言いさし」「話の切りだし」「言いよどみ」といった，話しことばに必要な表

現が盛りこまれるようになってきた。しかし，それらは，文法項目を教えるために付随的に取り入れられているだけであり，話しことば教育のシラバスとして，体系的に整理されているわけではない。

(3) 上の(2)で述べた，話しことばに必要な表現は，従来の文法シラバスはそのままに，さらにそこに付け加えられる形で盛りこまれている。その結果として，初級レベルのシラバスは質的にも量的にも拡大する一方となっており，学習者の負担を増している。このような現状を改善し，効果的な教育を行うためには，「教え方」を工夫するだけでなく，「教える内容」について抜本的に見直すことが必要である。

次に，「教える内容」を見直すための手がかりとして，これまでの初級文法シラバスを，次の3つの視点から批判的に検討する。(4)については5.と6.で，(5)については7.で，(6)については8.で，それぞれ取り上げる。

(4) これまでの初級文法シラバスに，不要な文法項目はないか。

(5) これまでの初級文法シラバスの文法項目は，実際のコミュニケーションで使われる形式や用法を反映しているか。

(6) これまでの初級文法シラバスに入っていないが，ほかに必要な文法項目はないか。

最後に，9.では，これまでの文法教育観やシラバス設計の理念は，日本語学の視点に全面的に依存していたものであったが，これからはことばの使い手である学習者の視点に基づくべきであることを述べる。

2. これまでの文法教育

たとえば，次のような文法項目を考える。

(7) 〜に　　　：今日は早く家に帰ろうと思います。
(8) 〜ませんか：一緒に映画を見ませんか。
(9) 〜こそ　　：明日こそ彼に言うつもりだ。
(10) 〜ものなら：行けるものなら私が行きたい。

「このなかで，初級の項目はどれか」と日本語教師に尋ねたら，間違いなくほぼ全員が，「(7)と(8)」と答えるだろう。

では,「中級の項目はどれか」「上級の項目はどれか」という問いについては,どうだろう。「(9)と(10)」ということでは一致しても,中級か上級かの判断は人によってわかれるのではないだろうか。「使っている教材によって違う」「教えている学校によって違う」といった答えもあるだろうし,あるいは,「中級と上級の区別なんて考えたこともない」という人もいるかもしれない。

　日本語教育の現場では,「あの学生は初級の文法はひと通り終わっている」とか,「中級クラスにいるのに初級の文法がぜんぜんわかってない」といった言い方を,しばしば耳にすることがある。このような申し送りを聞けば,所属機関や使用教材が異なっていても,何らかの学習者像をイメージすることができる。

　これに対して,「あの学生は中級の文法はひと通り終わっている」とか,「上級のクラスにいるのに中級の文法がぜんぜんわかってない」といった言い方を耳にすることはほとんどない。

　これらのことからいえるのは,初級には「いわゆる初級文法」と呼ばれるものが存在するが,中級や上級にはそうしたものがみられないということである。

　その背景にあるのは,「初級では文型を,中級・上級では複合辞や機能語を」という考え方である。『日本語能力試験出題基準［改訂版］』に,次の記述がある。

　　(11)　日本語教育における主な文法事項といえば,
　　　　・構文／文型
　　　　・活用
　　　　・助詞・助動詞・接辞など(いわゆる文法的な＜機能語＞
　　　　　の類)の用法
　　　の三つをあげることができるだろう。
　　　　3・4級レベルでは,このいずれもきわめて重要な学習事項である。(強いていえば3・4級レベルでは,'構文／文型'が最も大切で,以下,'活用''＜機能語＞の類'という順になるであろうか。)
　　　　　　　　　　　　［中略］
　　　　基本的な助詞や助動詞の用法は3・4級でほぼ卒業しているわけだが,たとえば「～に関して」「～に至るまで」「～を通して」「～といえども」「～ざるをえない」というよう

な，'助詞・助動詞そのものではないが，これに類するもの'が，1・2級レベルの学習事項として，多数存する。これら高度な'＜機能語＞の類'を数多く習得して正確に豊かに使うことが，語彙や漢字を増やすこととともに，1・2級レベルの学習者にとってはきわめて重要な課題であるといってよい。
　　　　　　　　　（『日本語能力試験出題基準［改訂版］』p.147）

　この記述から読みとれるのは，次のような流れをもった文法教育観である。

(12)

> 初級（3・4級レベル）では，日本語の基本的な文型に関わる要素をひと通り教える。

↓

> 中級（2級レベル）以降では，複合辞や機能語を教える。

　初級で扱われるのは「日本語の基本的な文型に関わる要素」であるから，その項目を網羅的にリストアップすることは難しくない。こうしてできあがったものが，「いわゆる初級文法」である。さらにいえば，そこに含まれている項目はとくに日本語教育のために編まれたものではなく，「日本語の基本的な文型に関わる要素」であるから，日本語学の分野で主要な研究テーマとして取り上げられるものと，ほぼ一致する。なお，「日本語教育文法」と「日本語学的文法」のちがいについては，この本の「日本語学的文法から独立した日本語教育文法」（白川博之）で詳しく述べられている。
　これに対して，中級以降で扱われる複合辞や機能語になると，文法項目というより語彙項目に近くなる。そのため，網羅的なリストを作るのはかなり難しい。「いわゆる中級文法」「いわゆる上級文法」といった文法シラバスが見あたらないのは，このような理由による。
　つまり，「初級の文法シラバスには共通理解があるが，中級・上級レベルの文法シラバスには共通理解がみられない」という現状は，(12)のような文法教育観が背景となって，成立しているといえる。

3. 教科書にみられる話しことば表現

　教科書の日本語をより自然な日本語運用に近づけるために，教科書のモデル会話や練習問題には，「言いさし」「話の切りだし」「言いよどみ」といった，話しことばに必要な表現が盛りこまれるようになってきた。この3.では，その実態を具体的にみていく。そして，それらの表現が文法項目を教えるために付随的に取り入れられているだけであり，話しことば教育のシラバスとして体系的に整理されているとはいえないことを指摘する。

　次の(13)と(14)は，許可を求める「～てもいいですか」を扱う課のモデル会話である。この2つを比べると，(13)より(14)のほうが，ずっと自然に感じられる。自然に感じられる理由は，いくつか考えられるが，その1つに，(14)には「すみません」という「話の切りだし」，「午後には修理に来るからさ。」で終わる「言いさし」などが使われているのに対して，(13)にはそのような表現がまったくみられないことがある。

(13)　ここで　たばこを　すっても　いいですか。
　　　ここでは　たばこを　すっては　いけません。　たばこは　はいざらの　おいて　ある　所で　すって　ください。
　　　写真を　とっても　いいですか。
　　　この　へやでは　写真を　とっては　いけません。
　　　あちらの　へやの　絵は　写真を　とっても　かまいませんか。
　　　あちらの　絵は　かまいません。

(『日本語初歩』pp.214-215)

(14)　山下：すみません。
　　　鈴木：おう。
　　　山下：あの，ちょっとこれコピーしてもいいですか。
　　　鈴木：あ，いまソーターこわれているから，ちょっと使わないで。
　　　山下：そうですか。(To himself) 困ったなあ。
　　　鈴木：午後には修理に来るからさ。
　　　山下：はい。じゃ，また来ます。

(*Situational Functional Japanese Volume 1:Notes*, p.175)

　教科書の日本語を，自然な話しことばに近づけようという流れは，

モデル会話だけでなく練習問題にもみてとれる。次の(15)と(16)は，どちらも「～と思う」を扱う課の練習問題であるが，(15)のような機械的な問答練習だけでなく，(16)のような会話形式の練習もみられるようになった。また，(16)では，「日本の生活についてどう思いますか」という質問に，間髪入れずに答えるのではなく，「そうですね」という「言いよどみ」の表現を使っていったんポーズをおき，それから「便利ですが，物価が高いと思います」と答えるようになっている。

(15) 例1：日本（交通が　便利です）→　日本に　ついて　どう　思いますか。
　　　　　　　　　　　　　　　　　……交通が　便利だと　思います。
　　1) 日本の　若い　人（よく　遊びます）→
[以下，省略]
(『みんなの日本語 初級I 本冊』p.175)

(16) A：①日本の　生活に　ついて　どう　思いますか。
　　 B：そうですね。②便利ですが，物価が高いと　思います。
　　 A：ワットさんは　どう　思いますか。
　　 C：わたしも　同じ　意見です。
　　1) ①　新しい　空港
　　　　②　きれいですが，ちょっと　交通が　不便です
[以下，省略]
(『みんなの日本語 初級I 本冊』p.177)

ところで，「そうですね」という「言いよどみ」は，(17)のような文脈で使うと不適切になる。

(17) 教師：ご出身は，中国のどちらですか？
　　 学生：*そうですね。北京です。　　(中国語話者，上級)

(17)のような誤用に対しては，「『そうですね』は，単に質問に答えるという場合には使えず，自分の意見をまとめて述べるときに使う」と説明することが可能である。さらに，「そうですね」には，「今，考えている最中である」ということを示す機能がある。そのため，自分の意見であっても，(18)のように就職の面接試験で応募動機を聞かれた場合などに使うと，「準備不足」「不真面目」といったマイ

ナスの印象を相手に与える可能性がある。
　　(18)　面接官：応募の動機を話してください。
　　　　　応募者：*そうですね。御社の経営方針に共感しました。
　次の(19)にみられる「そうですね」は，「言いよどみ」ではなく，相手の発話に対して賛同や共感の気持ちをあらわす，「同意」とでもいうべき用法である。
　　(19)　A：もうすぐ　①春ですね。
　　　　　B：そうですね。　①春に　なれば，
　　　　　　　この　辺では　②花見が　できますよ。
　　　　　A：そうですか。　楽しみです。
　　　1)　①　夏
　　　　　②　おもしろい　花火が　見られます
　　　　[以下，省略]
　　　　　　　　　　　　　　　　（『みんなの日本語 初級Ⅱ 本冊』p.81）
　(18)のような「言いよどみ」の「そうですね」では，最後の「ね」が高くならず，ゆっくり発話される。また，次の発話との間にポーズがおかれることが多い。これに対して，(19)のような「同意」の「そうですね」では，最後の「ね」のイントネーションが高くなり，また，ポーズをおかずにすぐ次の発話を始めてよい。さらに，「言いよどみ」としての用法には，「そうですね」という形式しかみられないが，「同意」としての用法には，「そうでしたね」「そうじゃないですね」といった，過去形や否定形のバリエーションもみられる。このように，同じ「そうですね」という形式であっても，「言いよどみ」と「同意」では，実際の会話での使われ方は大きく異なる。
　「そうですね」のような表現は，言語構造としては複雑でないため，文法項目とはみなされない。そのため，きちんと導入・練習されることはほとんどない。モデル会話などにあらわれた場合に，断片的に説明されたり，その場面での対訳が示されたりするだけである。
　しかし，これまでみてきたように，言語構造が複雑でないからといって，実際のコミュニケーションで適切に用いることは，必ずしも簡単ではない。このような表現が使えるようになるためには，話しことばに欠かせない要素の1つとしてきちんと位置づけ，体系的なシラバスを作っていく必要がある。

4.「教える内容」の抜本的な見直しを

前の3.では、「言いさし」「話の切りだし」「言いよどみ」などが盛りこまれたことによって、教科書のモデル会話や練習問題が、より自然な話しことばに近づいているのをみてきた。この4.では、そのことによる問題点を考える。

教科書の日本語が自然な話しことばに近づくのは、たしかに望ましいことではある。しかし、もっとも大きな問題点は、これらの表現が、従来の文法シラバスにさらに付け加えられる形で盛りこまれているということである。あくまでメインは文法項目であり、「言いさし」「話の切りだし」「言いよどみ」といった表現は、教えたい文法項目が自然に出てくる文脈を整えるために、いわば付随的に取り入れられているに過ぎない。しかし、従来の文法シラバスはそのままに、話しことばに必要な表現を付け加えていくという、これまでのやり方を続けていったのでは、「教える内容」は質的にも量的にも拡大する一方となる。これでは、学習者の負担も増すばかりであろう。

教科書の内容を、学習者に身近なものにしようという流れは、話しことばの導入だけでなく、場面や単語の工夫にもみられる。いくつか例をあげる。「～てもいいですか」が使われる場面は、留学生を対象とする教科書では「大学の研究室でゼミの欠席を申し出る」(*Situational Functional Japanese Volume 1:Notes*, p.174) であるのに対して、ビジネスマンを対象とする教科書では「電気店でテレビのカタログをもらう」(*Japanese for Busy People I*, p.149) になっている。補助動詞のやりもらいが導入される場面は、留学生を対象とする教科書では「忘れ物について教師と話す」(『初級日本語げんきⅡ』pp.70-71) であるのに対して、ビジネスマンを対象とする教科書では「会社の創立記念パーティーの準備について同僚と打ち合わせる」(*Japanese for Busy People Ⅲ*, p.104) になっている。

例文で使われる単語も、技術研修生向けの教科書では(20)であったものが、より一般向けの教科書では(21)のようになっている。

(20)　この　ドライバーは　小さい　ねじを　締めるのに　使います。

　　　　　　(『新日本語の基礎Ⅱ 本冊 漢字かなまじり版』p.168)

(21)　この　はさみは　花を切るのに　使います。

(『みんなの日本語 初級Ⅱ 本冊』p.136)

このように、場面や単語に工夫が施されることにより、教科書の内容は、それぞれの学習者にとって、より身近なものになったといえる。ところが、それらの工夫は場面や単語の入れ替えにとどまるもので、扱われる文型そのものに大きな違いはみられない。これはつまり、学習者によって必要な場面や単語が変わることはあっても、単語の入れ物としての文型は、どの学習者にも等しく同じものが必要であるという前提が背後にあることを示している。しかし、学習者のニーズに応じて変わるのは、場面や単語だけではないはずである。

このような現状を改善し、より効果的な教育を行うためには、これまで前提とされていた「いわゆる初級文法」といった枠組みを一旦すべて取り崩し、コミュニケーションの遂行に必要な要素として、1つ1つの文法項目を改めて位置づけ、文法シラバスの再構築をはかる必要がある。

5.「命令形」は初級では不要

前の2.から4.では、「教え方」の工夫だけでなく、「教える内容」の抜本的な見直しが必要であることを述べた。この5.から8.では、そのための手がかりとして、次の3つの視点から、これまでの初級文法シラバスを批判的に検討する。

(22) これまでの初級文法シラバスに、不要な文法項目はないか。

(23) これまでの初級文法シラバスの文法項目は、実際のコミュニケーションで使われる形式や用法を反映しているか。

(24) これまでの初級文法シラバスに入っていないが、ほかに必要な文法項目はないか。

この5.と次の6.では、(22)を取り上げる。

「書け」「食べろ」「行け」といった動詞の命令形(imperative form)は、ほとんどの初級教科書で導入される「いわゆる初級文法」の1つである。初級教科書の練習問題では、提示されたイラストに従って、(25)のように銀行強盗のセリフを作らせたり、(26)のように道路標識や表示を説明させたりするものが多い。

(25)　　［イラスト省略］
　　　　例1：　→　金を　出せ。
　　　　例2：　→　ボールを　投げるな。
　　　　［以下，省略］

（『みんなの日本語 初級Ⅱ 本冊』p.63）

(26)　　［イラスト省略］
　　　　左へ曲がる　　→　　A：これはどんな意味ですか。
　　　　　　　　　　　　　　B：左へ曲がれという意味です。
　　　　1.車を止めない　　2.ごみをすてない
　　　　［以下，省略］

(*Situational Functional Japanese Volume 2:Drills*, p.146)

　言うまでもなく，銀行強盗のニーズをもつ学習者はいないし，日常生活において，道路標識や表示をことばで説明しなければいけない機会もあまりない。実際のコミュニケーションで命令形を使う場面は，地域や話者の性別による若干の違いはあるものの，ほとんどないといってよい。そのため，とくにていねい形を基調とする初級教科書の中で，命令形の自然な用例を提示することは難しく，それを解決するために，銀行強盗，道路標識の説明といった場面設定が工夫されたのだと思われる。この背景にも，(12)で示した「初級では，日本語の基本的な文型に関わる要素をひと通り教える」という文法教育観がみてとれる。

　しかし，学習者が必要としないのであれば，銀行強盗や道路標識の説明といった場面を設定してまで，無理に教える必要はない。命令形は，初級文法シラバスには不要である。

6.「イ形容詞の否定形」は初級では不要

　この6.では，イ形容詞の活用規則を取り上げる。表1のようなイ形容詞の活用形も，すべての初級教科書で取り上げられる「いわゆる初級文法」の1つである。

表1　イ形容詞の活用形

	非過去	過去
肯定	−い（です） 例：小さい（です）	−かった（です） 例：小さかった（です）
否定	−くない（です） 例：小さくない（です）	−くなかった（です） 例：小さくなかった（です）

　この活用規則を定着させるために，教室では次のようなドリル練習が行われる。
　(27)　例1：ミラーさん・元気（はい）　→　ミラーさんは元気
　　　　　　ですか。
　　　　　　　　　　　　　　　　　　　　　　　　　…はい，元気です。
　　　　例2：日本の　カメラ・高い（いいえ）　→　日本の
　　　　　　カメラは　高いですか。
　　　　　　　　　　　　　　　　　　　　　…いいえ，高くない
　　　　　　です。
　　　　1)　あの　レストラン・静か（いいえ）　→
　　　　［以下，省略］
　　　　　　　　　　　　　　　（『みんなの日本語 初級Ⅰ 本冊』p.67）

　このようなイ形容詞の活用形が，実際の会話でそれぞれどのような頻度で使われているかを，22時間分の自然談話データ（『女性のことば・職場編』，『男性のことば・職場編』）で調べた。その結果を，表2に示す。なお，主文末で用いられたイ形容詞のみを対象とし，連体修飾や連用修飾としての用例は含んでいない。

表2　日常会話（22時間分）にみられたイ形容詞の活用形

	非過去	過去	合計
肯定	217（91.9％）	15（6.4％）	232（98.3％）
否定	4（ 1.7％）	0（0.0％）	4（ 1.7％）
合計	221（93.6％）	15（6.4％）	236（ 100％）

　まず，表2からわかるのは，「非過去・肯定形」が217例（91.9％）と，ほとんどを占めているということである。これに対して，「非過去・否定形」と「過去・肯定形」は，それぞれ4例（1.7％）と15

例 (6.4%) であり,「過去・否定形」はまったくみられなかった。イ形容詞の 4 つの活用形が,それぞれ実際の会話で使われる頻度には,このように大きな偏りがある。

　また,上段の肯定形と下段の否定形を比べると,圧倒的に肯定形が多い(98.3%)こともわかる。日本語母語話者は,イ形容詞の否定形をほとんど使わずに,会話を進めているようである。

　多くのイ形容詞は,反対の意味をもつイ形容詞(あるいはナ形容詞)をペアにもつ。したがって,わざわざ否定形を作らなくても,反対語で同じ意味が伝えられることが多い。そうであれば,初級の会話授業では「非過去・肯定形」の練習に重点をおき,ドリル練習も,たとえば (28) のようにするほうが,より実際の会話に即したものとなる。

　　(28)　A：日本のカメラは高いですか。
　　　　　B：いいえ,安いです。

「イ形容詞の活用形」といった用言の活用規則については,「初級ですべての規則を導入し,すべての活用形が滑らかに言えるようになるまで何度もドリル練習を行う」ことが自明のこととされており,その意義や到達目標に疑問がもたれることは,これまでなかった。ここにも,(12)で示した「初級では,日本語の基本的な文型に関わる要素をひと通り教える」という文法教育観がみてとれる。

　しかし,実際の言語データを観察してみると,それぞれの活用形が使われる頻度には,大きな偏りがあることがわかる。少なくとも,ここでのデータをみる限り,初級レベルの会話授業において,イ形容詞のすべての活用形が滑らかに産出できるまでドリル練習を行うことに,積極的な意義は見いだせない。

7.「～つもり(だ)」は使われやすい形式を反映していない

　この 7. では,次の (29) の視点から,初級文法シラバスを見直す。

　　(29)　これまでの初級文法シラバスの文法項目は,実際のコ
　　　　　ミュニケーションで使われる形式や用法を反映しているか。

「意志」をあらわす文末表現の「～つもり(だ)」も,「いわゆる初級文法」の 1 つである。「～つもり(だ)」が教科書でどのように扱われているか,まず,『日本語初歩』をみてみる。

　　(30)　あなたは　どのぐらい　日本語を　ならって　いま

すか。
　　わたしは　八か月　日本語を　ならって　います。
　　あなたは　日本語を　ならって，どうする　つもりですか。
　　わたしは　日本へ　行こうと　思って　います。
　　あなたは　日本へ　行って，何を　する　つもりですか。
　　わたしは　日本へ　行って，大学に　入る　つもりです。
　　日本の　どこの　大学に　入る　つもりですか。
　　まだ　わかりませんが，東京大学に　入りたいと　思って　います。
　　　　　　　　　　　　　　　　　　　（『日本語初歩』p.151）

　(30)は，問答形式はとってはいるものの，自然な会話には感じられない。「言いよどみ」や「相づち」などをまったく含まずに，「〜つもりですか。」「〜つもりです。」と，淡々と続いていくやりとりは，まるで尋問のようですらある。また，実際のコミュニケーションで，相手に「〜つもりですか。」と問いかけるのは，かなり失礼な印象を与える可能性が高い。
　次に，『みんなの日本語』をみてみる。
　(31)　小川：来月から　独身です。
　　　　ミラー：えっ？
　　　　小川：実は　大阪の　本社に　転勤なんです。
　　　　ミラー：本社ですか。それは　おめでとう　ございます。でも，どうして　独身に　なるんですか。
　　　　小川：妻と　子どもは　東京に　残るんです。
　　　　ミラー：えっ，いっしょに　行かないんですか。
　　　　小川：息子は　来年　大学の　入学試験が　あるから，東京に　残ると　言うし，妻も　今の　会社を　やめたくないと　言うんです。
　　　　ミラー：へえ。別々に　住むんですか。
　　　　小川：ええ。でも，月に　2, 3回　週末に　帰る　つもりです。
　　　　ミラー：大変ですね。
　　　　小川：でも，普通の　日は　暇ですから，インターネッ

　　　　　　トを　始(はじ)めようと　思(おも)って　います。
　　　ミラー：そうですか。それも　いいですね。
　　　　　　　　　　　　　　　（『みんなの日本語 初級Ⅱ 本冊』p.45）
　(30)と比べると，(31)はずっと自然に感じられる。その理由には，「えっ」とか，「へえ」といった応答詞がみられるようになったこともあるが，それに加えて，これだけの長さの会話に「つもりです」が1回しか使われていないという点も指摘できるだろう。
　最後に，*Situational Functional Japanese* を取り上げる。
　　(32)　奥さん　：シャルマさんは，お子さんいらっしゃるんですって。
　　　　　シャルマ：ええ。
　　　　　　　　　　(Showing a photo)まだ，小さいんですけど。
　　　　　奥さん　：あら，かわいいわね。
　　　　　シャルマ：はあ，どうも。
　　　　　奥さん　：おいくつ。
　　　　　シャルマ：8ヶ月なんです。
　　　　　奥さん　：あ，そう。じゃ，会いたいでしょうね。
　　　　　シャルマ：ええ。試験が終わったら，国へ帰るつもりなんですけど。
　　　　　奥さん　：ああ，そうですか。
　　　　　(*Situational Functional Japanese Volume 3:Notes*, p.57)
　(30)や(31)が，「～つもりです。」という言い切りの形で，将来の計画を述べてていたのとは異なり，(32)では「～つもりなんですけど。」という形で提示されている。
　では，実際のコミュニケーションの中で，「～つもり(だ)」は，どのように使われているのだろうか。64時間分の自然談話データ（『女性のことば・職場編』，『男性のことば・職場編』，『名大会話コーパス』）を観察してみたところ，「つもり」を含む発話は，40例であった。これに対して，同じく「意志」をあらわす文末表現である「～(よ)うと思う」を含む発話は，約4倍の163例であった。
　このように，実際の日常会話では，「～つもり(だ)」より，「～(よ)うと思う」のほうが頻度が高い。あわせて，「～つもりですか。」で問いかけることの失礼さを考えると，初級で「～つもり(だ)」を教える必要はない。「意志」をあらわす文末表現としては，「～(よ)う

と思う」だけでよい。

さらに、「つもり」を含む発話40例について、具体的な出現形式をみてみる。その結果を、表3に示す。

表3　日常会話 (64時間分) にみられた「つもり」の出現形式

出現形式	用例数
つもりで	17
つもり (は) ない	6
つもりでいる (おる) ／つもりなの (ん) で	各3
つもりだ (や) ったら／つもりだけど／つもり。	各2
つもりかよ／つもりがね／つもりだったんだ／つもりらしい／つもりなのに	各1
合　計	40

表3から、「〜つもりです。」という形式が、まったくみられないことがわかる。もっとも多かった (17例) のは、「つもりで〜」という形式で、副詞節としてはたらく用法であった。たとえば、次の(33)、(34)のようなものである。

(33)　あの、東山動物園に (うん) １１月２５日に行ったの。(うんうんうん) そしたら、(うん) それは、あの、紅葉を見に植物園に行く前に (うん) 動物園を通っていく<u>つもりで</u>入ったら、(うん) ちょうどカバの結婚式をやってて。

(『名大会話コーパス』、030)

(34)　そうそうそう。そういう<u>つもりで</u>しゃべったみたいでさー。うん。おかしかったよ。うん。

(『名大会話コーパス』、095)

このように、日常会話では、「〜つもりです。」という形式で、文末で用いられる用法の頻度はほとんどない。そうであれば、上のレベルになっても、「〜つもりです。」より、むしろ「つもりで〜」という形式で副詞節としてはたらく用法から教えたほうがよい。

「意志」をあらわす文末表現として、「〜つもりです。」を取り上げるのは、実際のコミュニケーションで使われやすい形式や用法を反映していないといえる。

8.「〜ないです」こそ初級で必要

この 8. では，初級文法シラバスを見直す3つ目の視点として，次の (35) を取り上げる。

  (35) これまでの初級文法シラバスに入っていないが，ほかに必要な文法項目はないか。

否定のていねい形には，次の表4のように「〜ません」が後続するものと，「〜ないです」が後続するものの2通りがある。

表4 否定のていねい形

	〜ません	〜ないです
動詞語尾	食べません	食べないです
本動詞	(鉛筆が) ありません	(鉛筆が) ないです
(名詞＋) ダ	(本) ではありません	(本) ではないです
(ナ形容詞＋) ダ	(静か) ではありません	(静か) ではないです
イ形容詞	大きくありません	大きくないです

これまでの初級教科書では，このうち■■で示した形式が提示されることが多い。すなわち，「〜ません」は提示されるが，「〜ないです」は提示されない。ただし，イ形容詞だけは例外で，「〜ません」ではなく「〜ないです」が提示される。

ところが，64時間分の自然談話データ (『女性のことば・職場編』，『男性のことば・職場編』，『名大会話コーパス』) を観察してみると，イ形容詞だけでなくすべての品詞において，「〜ないです」のほうが多く使われていることがわかった。平均すると約70%が「〜ないです」であり，「〜ません」は約30%に過ぎなかった。また，「主文末では『〜ないです』，引用節の中では『〜ません』が使われやすい」といったように，両者があらわれる言語環境には違いがみられた (小林ミナ 2005, pp.13-15)。そうであれば，否定のていねい形としては，どの品詞についても「〜ません」ではなく，「〜ないです」を先に導入したほうがよい。

「〜ないです」は，これまでの初級文法シラバスには入っていないが，積極的に導入，練習するべき文法項目といえる。

9. まとめ

ここまで述べてきたことをまとめると，次のようになる。

まず，これまでの文法教育を，「教える内容」，すなわち，文法シラバスの観点から検討し，次の3つを指摘した。

(36) 初級の文法シラバスには，共通理解が得られているが，中・上級は，必ずしもそうではない。その背景には，「初級では文構造に関わる要素を教える。中級以降では複合辞や機能語を教える」という流れをもった文法教育観がある。

(37) 教科書のモデル会話や練習問題には，「言いさし」「話の切りだし」「言いよどみ」といった，話しことばに必要な表現が盛りこまれるようになってきた。しかし，それらは，文法項目を教えるために付随的に取り入れられているだけであり，話しことば教育のシラバスとして，体系的に整理されているわけではない。

(38) 上の(37)で述べた，話しことばに必要な表現は，従来の文法シラバスはそのままに，さらにそこに付け加えられる形で盛りこまれている。その結果として，初級レベルのシラバスは，質的にも量的にも拡大する一方となっている。このような現状を改善し，効果的な教育を行うためには，「教え方」を工夫するだけでなく，「教える内容」について，抜本的に見直すことが必要である。

次に，これまでの初級文法シラバスを，次の3つの視点から，批判的に検討した。

(39) 初級文法シラバスに不要な文法項目：学習者がほとんど使う機会のない「命令形」，「イ形容詞の否定形」は，初級レベルでは不要である。

(40) 実際のコミュニケーションで使われやすい形式や用法を反映していない文法項目：「～つもりです。」という文末表現は不要である。上のレベルになっても，「～つもりです。」より，むしろ「～つもりで」の形式で，副詞節としてはたらく用法から教えたほうがよい。

(41) 初級文法シラバスでほかに必要な文法項目：「～ません」よりも「～ないです」を教えるべきである。

日本語教育の現場では，コミュニケーション能力の獲得のために

もっとも必要なことは，教室活動をコミュニカティブにしたり，できるだけ生の(authenticな)教材を用いたりといったような，「教え方」に関する努力や創意工夫であると考えられてきた。しかし，これまでみてきたように，「いわゆる初級文法」と呼ばれるものの中にも，不要な文法項目があったり，必要な文法項目が入っていなかったりする。これは，これまでの文法教育観やシラバス設計の理念が，「日本語の基本的な文型に関わる要素」という，日本語学の視点に全面的に依存したものであり，そこには「会話における頻度」，あるいは，「対人関係における安全性」といった，ことばの使い手である学習者の視点が，まったく欠けていたことを意味している。

　初級から上級へとつながる文法シラバスの配列は，もちろん，「基本から応用へ」「易から難へ」とされるべきである。しかし，何をもって「基本」「易」とするかの判断は，日本語学ではなく学習者の視点に基づいてなされるべきであろう。そして，それこそが，日本語教育における文法教育観の基盤になるべきものだと考える。

調査資料

『初級日本語 げんきⅡ』，坂野永理・大野裕・坂根庸子・品川恭子・渡嘉敷恭子，
　　　The Japan Times, 1999.
『女性のことば・職場編』，現代日本語研究会(編)，ひつじ書房，1999.
『新日本語の基礎Ⅱ 本冊 漢字かなまじり版』，スリーエーネットワーク(編)，
　　　スリーエーネットワーク，1993.
『男性のことば・職場編』，現代日本語研究会(編)，ひつじ書房，2001.
『日本語初歩』，改訂版，国際交流基金(編)，凡人社，1986.
『日本語能力試験出題基準 [改訂版]』，国際交流基金・財団法人日本国際教育
　　　協会(編著)，凡人社，2002.
『みんなの日本語 初級Ⅰ 本冊』，スリーエーネットワーク(編)，スリーエーネ
　　　ットワーク，1998.
『みんなの日本語 初級Ⅱ 本冊』，スリーエーネットワーク(編)，スリーエーネ
　　　ットワーク，1998.
『名大会話コーパス』，1998. 平成13-15年度科学研究費補助金基盤研究(B)(2)
　　　「日本語学習辞書編纂に向けた電子化コーパス利用によるコロケーション
　　　研究」(研究代表者：大曾美惠子)の一環として構築されたもの。
Japanese for Busy People I, Revised Edition, 国際日本語普及協会，講談社
　　　インターナショナル，1994.

Japanese for Busy People Ⅲ, Revised Edition, 国際日本語普及協会, 講談社インターナショナル, 1995.
Situational Functional Japanese Volume 1: Notes, Second Edition, 筑波ランゲージグループ, 凡人社, 1995.
Situational Functional Japanese Volume 2: Drills, Second Edition, 筑波ランゲージグループ, 凡人社, 1994.
Situational Functional Japanese Volume 3: Notes, Second Edition, 筑波ランゲージグループ, 凡人社, 1995.

引用文献

小林ミナ(2002)「日本語教育における教育文法」『日本語文法』2-1, pp.153-170, 日本語文法学会.
小林ミナ(2005)「日常会話にあらわれた「〜ません」と「〜ないです」」『日本語教育』125, pp.9-17, 日本語教育学会.

日本語学的文法から独立した日本語教育文法

白川博之

1. この論文の内容

「日本語教育文法」は,「教育」と銘打つ以上,単なる「日本語文法」と違って,学習者の視点から発想された文法でなければならない。このような,考えてみれば当たり前のことが改めて問題にされなければならないところに,日本語教育と文法の関係のむずかしさが現れている。

この論文では,これまでの日本語教育文法の抱えるいろいろな問題の根本的な原因が,「母語話者の視点」から文法を考えているという点にあるという見方に立って,「母語話者の視点」から発想された文法の問題点を考えた上で,「学習者の視点」から発想した文法を具体的なかたちで提案する。

この論文の題にある「日本語学的文法」は,日本語教育関係者の意識に潜む隠れた「母語話者の視点」をあぶり出すためのキーワードである。先回りして言えば,これまで日本語教育文法として当然視されていた文法の実体は,実は「日本語学的文法」と呼んだほうがふさわしいものなのだというのがこの論文の基本的な姿勢である。

この論文の構成は,次のとおりである。

前半では,これまでの日本語教育文法を批判的に検討する。

まず,次の2.では,議論の前提として,次の(1)を確認する。

（1） 母語話者と学習者とでは,文法を見る見方がまったく異なる。日本語教育文法を考える際は,日本語学の文法のように「母語話者の視点」からではなく,「学習者の視点」から発想された文法であるかどうか点検する必要がある。

それをうけて,3.と4.では,これまでの日本語教育文法の問題点として,次の(2)(3)の2点を述べる。

（2） これまでの日本語教育文法は,「体系的に示す」「網羅

的に示す」「変わった用法に目を光らす」「抽象的な意味を求める」などの問題点があり，学習者の視点とは正反対の視点に立った「日本語学的文法」である。
- （3）　これまでの日本語教育文法は，誤用や非用を防ぐための文法説明等，学習者が知りたいであろう情報の提供が不足しており，学習者の視点に無関心な文法である。

さらに，根本的な問題提起として，5.において（4）を述べる。
- （4）　これまでの日本語教育文法へのこだわりから抜け出せないのは，日本語学的文法をありがたがっている思い込みが根底にあるからであり，執着から脱却するために，そのような信念体系にまでさかのぼって点検しなければならない。

前半での議論を踏まえて，後半の6.から9.まででは，学習者の視点から文法を考え直すと具体的にどのようなものになるかということを示す。具体的には，次の（5）から（8）の4点について見直しを提案する。
- （5）　コミュニケーションの必要性から出発した文法に
- （6）　文法項目の立て方は形式単位ではなく用法単位に
- （7）　必要度に基づいて段階的に提示する文法に
- （8）　学習者の勘違いを先回りして防ぐ文法に

2.「学習者の視点」から考えることの必要性

　日本語を教えようとするならば，日本語そのものについての知識が必要であることは，誰もが認めることだろう。
　日本語教師の「日本語についての知識」の必要性を説く次のような言説は，日本語教師養成に関する書物や授業概要などに散見される。
- （9）　「日本語が話せる」ことと「日本語について知っている」ことは違う。日本人なら誰でも日本語を教えられるというわけではない。
- （10）　母語話者である私たちがふだん無意識に使っている日本語の背後に潜むメカニズムを探り出す。
- （11）　日本語を世界の言語の一つとして客観的に分析する力を養う。

どの言説をとっても，一見，否定のしようのない言い分のように

聞こえるが，これらのことが無条件でよいことだと考えるわけにはいかない。というのは，どれも，「学習者の目から見るとどのように見えるか」という視点があってこそ意味をなす事柄だからである。

日本語教師が備えるべき「文法知識」についてもまったく同じである。日本語教師は，自分が日本語を教えようとするときに前提としている「文法知識」が学習者の視点に照らして的を射たものかどうかを点検しなければならない。もっと言えば，学習者の視点からではなく，「母語話者の視点」から発想された知識になってはいないかと警戒しなければならない。

それでは，学習者の視点から発想した文法は，母語話者の視点から発想した文法とどう違うか。「文法に対する目的意識」と「文法体系の捉え方」の両面から考えてみよう。

まず，何のための文法かという目的意識の違いである。学習者にとっては，文法とは「言葉が使えるようになるための手段」である。目的はあくまでもその言葉が使えるようになることであり，文法はそれを達成するための手段にすぎない。文法を習いたいのではなくて，言葉が使えるようになりたいわけである。それに対して，母語話者にとって母語の文法を考えることは，「現に使っている言葉の仕組みの謎解き・整理」の作業であり，それ自体が目的になりうる。

日本語の仕組みを言語学的に探究する「日本語学」の文法は，まさに，ここで言う母語話者の視点から発想した文法である。

このように，母語話者と学習者では文法に対する目的意識がまったく違うので，母語話者（あるいは，非母語話者ですでに使えるようになっている者）が教育文法を考える際は，文法を考える自らの視点が学習者と共有できているかどうか省みる必要がある。

具体的には，次のような観点でチェックすることができるだろう。

(12) チェックポイント1：「日本語の使い方ではなく，日本語の文法を勉強させられている」という印象を学習者に与えていないか。

次に，文法体系がどのようなものとして捉えられるかということについての違いである。学習者にとっては，文法体系は静的なものではなく，初級から中級，中級から上級と連続的に変容していく動的な体系の連鎖である。一方，成人の母語話者の文法体系はすでに固まっている静的な体系である。学習者の習得過程での文法体系は，

完成した母語話者の文法体系と比べれば不正確・不完全な体系であるが、それぞれがそれなりに独自の体系をなしている。学習者は完成した体系の部分部分を順に一つずつ習得していくのではない。

たとえて言えば、学習者の文法体系ができあがっていく過程は、ジグソー・パズルをワンピースずつはめ込んでいって最終的に絵を完成するようなものではなく、大雑把ながらも絵になっている素描から少しずつ筆を加えて絵を完成させていくようなものである。

このような学習者の中間的な文法体系をポジティブに捉えるならば、次のような観点から日本語教育文法を点検しなければならない。

(13) チェックポイント2：初級で何もかも教えようとしていないか。初期の段階から細部の正確さを必要以上に求めていないか。

3. 学習者の視点と正反対の日本語学的文法

2.で示した基本方針に従ってこれまでの日本語教育文法を見直してみると、いくつかの問題点が浮かび上がってくる。結論的に言うと、「現に使っている言葉の仕組みの謎解き・整理」に終始しており、取りも直さず、前の2.で述べた「母語話者の視点」から発想した「日本語学的文法」になってしまっているということである。

問題点は4点に整理することができる。教科書や文法参考書などを引き合いに出しながら、一つずつ検討してみよう。

まず、最初の問題点として、(14)が挙げられる。

(14) 問題点1：断片的に示さずに体系的に示す。

「コミュニケーションのための日本語教育文法の設計図」（野田尚史）でも述べられている「体系主義の悪影響」である。たとえば、『初級日本語 げんきⅡ』では、「やりもらい」を教える課で、次の(15)から(17)のような例文を一挙に提示している。

(15) 私はその女の人に花をあげます。
　　　　　　　　　　　　　　　　　（『初級日本語 げんきⅡ』p.35）

(16) 両親が（私に）新しい車をくれるかもしれません。
　　　　　　　　　　　　　　　　　（『初級日本語 げんきⅡ』p.35）

(17) 私は姉に／姉から古い辞書をもらいました。
　　　　　　　　　　　　　　　　　（『初級日本語 げんきⅡ』p.35）

これは、初めて「やりもらい」を学ぶ学習者にとってはありがた

迷惑ではないか。初級が終わる段階までに「あげる」「くれる」「もらう」の３形式が出揃うようにすれば十分であって，最初から三つどもえの構図を見せてわざわざ混乱させることはないだろう。
　また，「条件表現」は初級の難所の一つだが，これも，体系的に捉えようとするあまり，しなくてもよい苦労を背負い込ませている可能性のある例である。

(18)　携帯電話が｛あると／あれば／あったら／あるなら｝，いつでも連絡できます。
　　　　条件の表現に関して難しい点は上の四つの接続形式の使い分けなので，以下ではこの点に重点を置いて条件の表現を見ていくことにしましょう。
　　　　　　　　　　　　　　　　　　　(庵功雄(他)(2000：p.220))

　(18)は，おなじみの「～と」「～ば」「～たら」「～なら」についての解説である。４つの形式の使い分けが重要だということを当たり前のことのように述べているが，初級で「～と」「～ば」「～たら」「～なら」を全部やらなければならないなどということは，いつ誰がどんな根拠で決めたのだろうか。もし４つやる必要がなければ，学習者も教師もずいぶん楽になるにちがいない。
　次に，２番目の問題点として，(19)が挙げられる。

(19)　問題点２：小出しにせずに網羅的に示す。

「コミュニケーションのための日本語教育文法の設計図」(野田尚史)でも述べられている「形式主義の悪影響」である。たとえば，「～ている」にはいろいろな用法がある。それを次の(20)から(22)のように網羅的に示したくなるのは日本語学の発想であって，学習者としては，小出しにして示してもらいたいところだろう。

(20)　ロバート：みちこさん，今何をしていますか。
　　　みちこ：　別に何もしていません。今，スーさんの写真を見ています。
　　　　　　　　　　　　　　　　　　　(『初級日本語 げんきⅠ』p.132)

(21)　みちこ：　そうですか。あっ，猫がいますね。でも，ちょっと太っていますね。
　　　　　　　　　　　　　　　　　　　(『初級日本語 げんきⅠ』p.132)

(22)　私は英語を教えています。
　　　　　　　　　　　　　　　　　　　(『初級日本語 げんきⅠ』p.137)

学習者にとっては，(20)の「見ている」，(21)の「太っている」，(22)の「教えている」は全然違う意味であり，混乱の元である。進んだ学習者が「ている」の用法を整理するという目的ならばよいが，「ている」を導入する課で一挙に示さなくてもよい。

同様に，受身文を導入する課で，様々な受身の文型を同時に教える必要はない。たとえば，次の(23)のような普通の受身文を導入する一方で，その次の(24)や(25)のような独特な受身文があることを示すのはありがた迷惑だろう。

(23)　窓ガラスを割って先生に叱られました。
(『新文化初級日本語Ⅱ』p.138)

(24)　子供にカメラをこわされてしまいました。
(『新文化初級日本語Ⅱ』p.138)

(25)　A：どうしたんですか。
　　　B：テストが悪かったんです。ゆうべ友達に来られて，勉強できなかったんです。
(『新文化初級日本語Ⅱ』p.138)

さらに，3番目の問題点として，(26)が挙げられる。

(26)　問題点3：変わった用法に目をつぶらず目を光らす。

変わった用法はないかと目を光らせて，見つけると詳しく説明したがるのは，日本語学の習性である。日本語教育文法は，そのような用法の存在にはとりあえず目をつぶっておきたいところである。

たとえば，「いる」「ある」の区別を教える際，とりあえずは，人間や動物は「いる」，それ以外は「ある」と教えればよいところを，次のように，わざわざ，人間について「ある」で言う用法があることを示すことがある。これは，日本語学的な発想である。

(27)　マナ　：たなかさんは　兄弟が　何人　ありますか。
　　　たなか：わたしを　入れて　三人です。
　　　マナ　：田中さんは　長男ですか。
　　　たなか：いいえ，わたしは　末っ子です。
　　　　　　　上に　兄と　あねが　あります。
(『初級日本語』p.162)

(27)では「あります」が使われているが，「兄弟がいます」「兄と姉がいます」と言ってもまったく問題はない。むしろ，現在ではそのほうが普通の言い方である。

また,「～とき」という従属節で「～するとき」になるか「～したとき」になるかという問題は,日本語学的にはおもしろい問題で,過去のことなのに「～するとき」と言ったり,逆に未来のことなのに「～したとき」になったりする「相対テンス」の現象がしばしば取り上げられる。その影響で,日本語教育文法でも,「相対テンス」の問題は,「～とき」を教えるときのポイントの一つになっている。

(28) 　うちへ　かえる　　とき,ケーキを　買います。
　　　 　うちへ　かえった　　「ただいま」と　言います。
　　　 　会社へ　　くる　　　駅で　部長に　会いました。
　　　 　会社へ　　きた　　　受付で　社長に　会いました。
　　　　　　　　　　　　　　　(『みんなの日本語 初級Ⅰ 本冊』p.192)

しかし,「～とき」はどんな場合も「相対テンス」にしなければならないというわけではない。実際は,学習者にとって簡単な「絶対テンス」でよい場合も多く,「相対テンス」にしなければならないケースは絶対多数ではない。どちらかと言えば「変わった」現象を過大視してしまった結果,学習者が「～とき」のテンスの使い方に必要以上に頭を悩ませているという可能性がある。

　たとえば,次のような練習問題がある。執筆者の意図としては,「出る」と答えさせたいのだろうが,実際は「出た」とも言える。

(29) 　うちを(出る,出た)とき,電気を　消しませんでした。
　　　　　　　　　　　　　　　(『みんなの日本語 初級Ⅰ 本冊』p.197)

最後に,4番目の問題点として,(30)が挙げられる。

(30) 　問題点4：具体的な用法よりも抽象的な意味を求める。

個々の具体的な用法から抽象的な意味を探り出そうとするのも,日本語学的な発想である。日本語教育文法としては,個々の用法が理解できればそれでよいところを,日本語学的文法ではそれに飽きたらず抽象化したがる癖がある。

　たとえば,条件表現の「～と」についての次のような説明は,いろいろ考えうる具体的な状況に共通する特徴を抽象したものである。

(31) 　ある動作の結果として,他の動作や出来事が必然的に起こるという状況を表すとき,「と」を使って文を繋ぐ。
　　　⑩この　ボタンを　押すと,お釣りが　出ます。
　　　⑪これを　回すと,音が　大きく　なります。
　　　⑫右へ　曲がると,郵便局が　あります。

[原文は英語。白川訳]
(『みんなの日本語 初級Ⅰ 翻訳・文法解説英語版』p.149)

　しかし,「～と」を初めて習う学習者が知りたいのは,「必然的に起こる」というような言い方が具体的にどのような状況でぴったりくるのかということだろう。例文がついてはいるものの,機器の使い方の説明だったり,道案内だったりで,学習者自身が実際に使いそうな場面ではない。(31)のような捉え方は,日本語学的には意味のある一般化かもしれないが,日本語教育文法的には,「だからどうした？」という反応を呼ぶだけである。
　次のような「～はずだ」についての説明も,同様である。

(32)　①～④で使われた「～はず」は,何らかの客観的な情報もしくは知識にもとづいて,ある動作や状況が起こる見込みについての話者の判断を表している。より主観的な「～だろう」と違って,単に推測をしているのではなく,自分の情報や知識についての自らの解釈が正しければ,ある状況や出来事が当然生じていいということを示す。

[原文は英語。白川訳]
(*Situational Functional Japanese Volume 3:Notes* p.218)

　「客観的な情報もしくは知識」という説明は,いくらでも拡大解釈を許す抽象的な説明である。また,「話者の判断」ではあるが「単に推測をしているのではな」いという説明も,それこそ主観的でわかりづらい。結局,学習者は具体的な例文から想像を巡らすほかない。

4. 学習者の視点に無関心な日本語学的文法

　前の3.で見たように,日本語学的文法は,文法現象を見る視点が学習者の視点とは正反対である。その結果,学習者にとってはありがたくもない整理の仕方をしていた。
　その一方で,日本語学的文法は,学習者が知りたいと思うであろう肝心なことについてはあまり教えてくれないという恨みがある。学習者の視点に対して無関心なのである。
　たとえば,「～ている」に「結果の状態」の用法があるということは日本語学的文法も教えるところだが,そういう文法で教わっても学習者の間には次のような誤用が頻繁に見られる。

(33) ［もらった自転車はライトが不具合だったという意味で］
　　＊帰国する先輩が自転車をくれましたが，ライトが<u>壊れました</u>。　　　　　　　　　　　　　　（台湾，上級）

　母語話者が(33)を聞いたら，自転車をもらってからライトを壊したと解釈するのがふつうだろう。つまり，単純に「～した」を使うと，自分が意図した意味とはまったく違う意味になってしまうのである。

　せっかく「～ている」の用法を習っても，同じ状況を「～した」でも言えると思い込んでいる限り，誤用は生じうる。さらにややこしいことに，(33)の発話状況では，「ライトが壊れていまし<u>た</u>」と言わなければならない。結果の状態については，単純に「「壊れた」ではなく「壊れている」を使え」とだけ教わるが，それでは学習者は，「過去の「～た」の代わりが「～ている」なのに，なぜ「～ていた」となるのだ」と，さらに混乱することになる。

　同様なことが「～ても」についても言える。「～ても」は，しばしば「～たら」と抱き合わせにして示され，「～ても」の前件・後件は逆接の関係になると教えられる。しかし，実際に使う段になると，次のように「～ても」の代わりに「～たら」を使ってしまう学習者がいる。

(34) ［よいホテルを勧められ，予約なしで宿泊可能か聞く］
　　？？当日直接<u>行ったら</u>泊まれますか？

　(34)のような誤用を聞かされると，教師は「逆接のときは「～ても」だと教えたのに」と無力感に襲われるかもしれないが，学習者が「「～たら」は前件を仮定して，その場合の帰結を述べる」とだけ理解していたとしたら，このような誤用が出てきても無理はない。ここで必要な説明は，「～たら」には「（他の場合は違うが）～場合<u>は</u>」という含意があり，「（他の場合もそうだが）～場合<u>も</u>」と言いたいときは「～ても」を使わなければならないということである。「～たら」でも言えそうだが，まったく違う意味になってしまうので「～ても」を使わなければならないということを知るべきである。

　また，自動詞・他動詞の使い分けも，学習者にとってはむずかしい問題のようで，次のような誤用がしばしば見られる。

(35) ［きつくてなかなか開けられないビンのふたを開けて］
　　＊開けた！

学習者にとっては，「ふたは自分が開けたのであって，ひとりでに開いたのではない」と言いたいところだろう．しかし，これも，「開けた」と他動詞で言うと，「どうだ，すごいだろう」といった，本人の意図しない意味を伝えてしまうということを知らないために生じた誤用である．ここでも，「開けた」では言えないということが重要な情報である．

　以上のように，学習者の「落とし穴」に目配りして「かゆいところに手がとどく」文法説明にすることが学習者と同じ視点に立って日本語の文法を考えることである．2.で指摘したように，日本語学的文法は，本来的には学習者のために発想された文法ではないので，このような配慮が不足しがちである．

5. それでも日本語学的文法をありがたがる思い込み

　以上，日本語教育文法は日本語学的文法から脱却して独自の文法として作り直されなければならないことを述べた．しかし，それでもなお，これまでの日本語学的文法ではどうしていけないのか，腑に落ちないという向きもあるかもしれない．おそらく，そう思う根底には，ある種の思い込みがあって，そこが突き崩されなければ，日本語学的文法へのこだわりから抜けきれないのだろう．

　そこで，この5.では，いわば駄目を押すために，日本語学的文法への執着の原因となっている思い込みについて点検する．

　少なくとも5つの思い込みが考えられる．

　　(36)　思い込み1：国語学の文法はダメだけれども，日本語学の文法は日本語教育に役に立つと思い込んでいる．

　寺村秀夫(1982, 1984, 1991)に代表される日本語学の文法は，外国人に対する日本語教育が需要を増すのに歩調を合わせて，新しい日本語研究の領域として確立された．それまでの「国語学」の文法は，基本的には古典を読むための文法であり，現代語の文法も，古典文法への導入のために作られたという経緯もあって日本語を教えるという目的にはあまり役に立たなかった．「辞書と文法書さえあれば，外国人でも文章が作れる」ことを目指す寺村秀夫(1982)による「実用文法」は，日本語教育界では準拠すべき文法として歓迎された．日本語学的文法への信頼は，国語学の文法への不満と表裏になって築かれたのである．

しかし，新しい日本語学の文法は，基本的には，日本へ留学して大学で勉強するために日本語を勉強する「エリート日本語学習者」を対象とした文法であり，知的な文章を読み書きできるようにすることを最終目的とする文法であった。その結果として，存在するのは上級の文法体系だけであり，初級・中級の文法はそこに到るための基礎という位置づけにすぎなかった。また，4技能のうち「話す」「聞く」は二の次になっていた。

　時代が下って「学習者の多様化」という事態が生じた結果，上級まで到達することを初めから目標としない学習者や，読み書きではなくて会話を勉強したい学習者が増えた。日本語学的な文法は，そういう学習者のニーズには応えることができない。

　　(37)　思い込み2：誤用・非用をなくし，正しい自然な文を作
　　　　　　れるようにしてやらなければならないと思い込んでいる。

　上級レベルの日本語を習得させる，しかも，読み書きができるようにさせるという目標は，必然的に，できる限り誤用・非用をなくして正しく自然な文を作れるようにしようという配慮に結びつく。日本語学的文法は，まさに，細かいところまで文法的な間違いのない文を作る，細かいニュアンスまで正確にわかるというニーズにはマッチしている。

　しかし，その根底には，非母語話者も日本語母語話者と同じように日本語を使わなければならないという強迫観念がある。学習者は日本語を使ってコミュニケーションするために日本語を学習しているのであり，文法はそれを達成するための手段にすぎない。そこを見失って，初級の段階から正確で自然な文を作ろうとしたら，何もできない。これでは本末転倒である。日本語教師は，一般の日本人に比べて，学習者の使う日本語の内容よりも正確さを重視する傾向があるという田中真理(他)(1998)の調査報告もある。

　　(38)　思い込み3：「文型積み上げ式」だからよいと思い込んで
　　　　　　いる。

　日本語学的文法にもとづくカリキュラムは，「文型積み上げ式」という言葉で特徴づけられる。シラバスは数々の「文型」からなり，それを「〜は〜です」から始まって，単純な文型から複雑な文型へと順次提出していく方式である。「基礎から応用へ」，「易から難へ」という道筋は，一見文句のつけようのない，教育の常識にかな

ったものであるように見える。

　しかし,「文型積み上げ式」は,上級レベルの完成された文法体系を最終の到達目標と見定めて,そのために入念に基礎を固め,1つ1つの部分を丹念に積み上げていくため,積み上がった後でなければ体をなさないという恨みがある。とりあえず日本人と会話ができればよいという学習者であっても,一通りの文型を習った後でなければ,使い物にならない。住居にたとえて言うならば,1世帯用の住まいを作るために10階建ての鉄筋コンクリート建てのマンションを建設するようなものである。とりあえず1階部分に住みたいと思っていても,全部が建った後でなければ住むことができない。

(39)　思い込み4:「まずいのは学習者の多様化に対応できないという点だ」と思い込んでいる。

　日本語学的文法が批判されるようになった背景に,「学習者の多様化」があることは確かだが,だからと言って,新たに出現した別のニーズの学習者のためにオプションを別個に用意してやれば問題は解決すると考えるのは誤りである。文型はそのままにしておいて,教える際の語彙や場面を変えるという程度のマイナーチェンジでは,根本的な解決にはならない。車にたとえて言うなら,内装を変えたりボディの色を変えたりしても,エンジンやボディの基本部分が変わらなければ車の性能が変わらないようなものである。

　また,アカデミックな目的で日本語を学習するという,昔ながらの学習者層でさえも,一個人の中の多様なニーズ(たとえば,「会話もしたい」といったもの)には対応できていたとは言えない。つまり,新しいタイプの学習者だけでなく,すべての学習者にとって,ニーズは満たされてないということになる。

(40)　思い込み5:「教え方を工夫すれば何とかなる」と思い込んでいる。

　日本語学的文法も教え方によって学習者のニーズにかなうものになるはずだから,その工夫を考えずに文法のみを批判するのはおかしいという考えがあるかもしれない。しかし,この考えは,「教える内容」と「教え方」とは別のものだという前提にもとづいており,これもまた,「思い込み」にすぎない。もし,「教える内容」に問題があって,それを不問に付したまま教えているとしたら,いくら「教え方」を工夫したところでよい結果は出ない。3.および4.で見

たとおり，これまでの日本語教育文法の問題のかなりの部分は，「教える内容」の問題なのである。

6. コミュニケーションの必要性から出発した文法に

前の3.から5.まででは，これまでの日本語教育文法が「学習者の視点」から日本語を見た文法というよりも「母語話者の視点」から見た文法であること，そして，なぜ日本語教育関係者がそのような「日本語学的文法」への執着を断ち切れないのかを説明した。

この6.以降では，具体的に，学習者の視点から文法を考え直すとどのような文法になるかということを考える。

まず，この6.から8.までは，3.で指摘した「学習者の視点と正反対の日本語学的文法」を克服するためのポイントについて考える。

最初に，すべてに優先する根本的なポイントとしてこの6.で取り上げるのは，2.で述べた「文法に対する目的意識」に直接関わるポイントである。

これまでの日本語学的文法では，「こういう文型がある」というところから出発して，その文型を「どう使うか」と発想していたが，新しい日本語教育文法では，「こういうことを言いたい」というところから出発して，その目的のために「この表現が必要」と考えたい。

たとえば，日本語を勉強し始めたばかりの学習者が「銀行へ行って口座を開く」という場面を想定しよう。銀行の窓口では，まず，たとえば次の(41)のように用件を伝える必要がある。

(41) 預金口座を作りたいんですが。

ところが，「〜んです」「〜が」という文型はもちろんのこと，「〜たいです」という文型も，これまでの文型積み上げ式の教科書では，「〜ます」「〜ません」「〜ました」「〜ませんでした」「〜ましょう」という文型を一通り学習した後でないと出てこない。その結果，学習者は，次の(42)や(43)のような不要不急の表現は習っていても，すぐに必要な(41)のような表現は未習ということになりかねない。

(42) 毎晩 何時に 寝ますか。
　　　…11時に 寝ます。

（『みんなの日本語 初級Ⅰ 本冊』p.30）

(43) A：日曜日　何を　しましたか。
　　 B：手紙を　書きました。　それから　ビデオを　見ました。　田中さんは？
　　 A：わたしは　京都へ　行きました。

(『みんなの日本語 初級Ⅰ 本冊』p.51)

「～ます」よりも「～たいんですが」のほうが「～たい」「～んです」「～が」という形が加わる分だけ形がむずかしいという判断からだろうが，いずれ使うかもしれないという程度の表現を学習するよりも，とりあえず使えないと不便な表現を学習するほうが大事だろう。形も，「～ます」から「ます」を取って「たいんですが」という固まりをつけるだけだと考えれば，それほどむずかしくない。

「～たいんですが」という表現を覚えれば，次の(44)から(47)のようにいろいろな場面に応用できるので，意志の表現として早めに導入するようにしたい。

(44)　［旅行会社で］ホテルの予約をしたいんですが。
(45)　［市役所で窓口の職員に］外国人登録をしたいんですが。
(46)　［大学の教務係で］授業のシラバスを見たいんですが。
(47)　［交番で］中央公民館へ行きたいんですが。

(46)(47)のような表現で依頼を切り出すことは，「コミュニケーションのための日本語教育文法の設計図」（野田尚史）でも述べられているように，依頼のストラテジーという観点からも重要である。

また，「～んです」は，初級の半ば過ぎになってから「説明」といった抽象的・汎用的な意味で教えるのではなく，次の(48)(49)のように，「断りの表現」や「詫びの表現」を構成する「言い訳」の表現に特化して，もっと早い段階に教えるのがよい。

(48)　その日はちょっと……。友達と約束があるんです。
(49)　遅れてすみません。バスが時間より早く来てしまったんです。

このような組み合わせで教えれば，断りや詫びといった，コミュニケーション上，基本的で重要な言語行動をより円滑に行うストラテジーが身につく。それと同時に，断るときの言い訳，詫びるときの言い訳という，「説明」の必要性がもっともわかりやすい状況設定で「～んです」の機能を理解することができる。これは，3. で指摘した日本語学的文法の問題点の4番目，「具体的な用法よりも抽

象的な意味を求める」という問題点を克服することにつながる。

　さて,「コミュニケーションの必要に応じて教える」ということは, 裏を返せば,「コミュニケーション上, 必要がなければ教えない」ということに他ならない。たとえば, 初級で次のような受身の文型が教えられているが, 初級レベルでどうしても使えなければならないという必要性は感じられない。

　　(50)　子どもの　とき, よく　母に　しかられました。
　　　　　　　　　　　　　　　　（『みんなの日本語 初級Ⅱ 本冊』p.94）

　(50)で言われた内容は, 次の(51)のような能動文でも伝えることが十分に可能である。日本語として少々座りが悪いだけであり, そのことに目をつぶれば, コミュニケーション上, 何の問題もない。

　　(51)　子どものとき, よく母が私をしかりました。

　それでも(51)のような日本語は不自然だからやはり受身を教えなければならないと考えるのは, 母語話者の視点からの発想である。「日本語らしさ」を初級の学習者にまで求めるのは厳に慎まなければならない。2.でもチェックポイントに挙げたが, 初期の段階から細部の正確さを必要以上に求めていないか, 考え直してみる必要がある。

7. 文法項目の立て方は, 形式単位ではなく用法単位に

　2番目のポイントとして, 日本語学的文法では形式ごとに用法を説明していたが, 新しい日本語教育文法では用法ごとに同じ形式を何度でも説明するようにするべきである。

　たとえば, 上級学習者でも, 次のような指示詞「こ・そ・あ」の誤用をすることがある。

　　(52)　A：みんなで「ビストロ・パパ」に食べに行こう。
　　　　　B：*え, あの店, どこにある？

　(52)は, 文脈指示用法の文脈である。このような誤用が生じる原因としては, 初級のごく初期に現場指示用法の「こ・そ・あ」が導入されたきり, その後, 文脈指示用法のほうをきちんと教えないことが多いということが考えられる。一度取り上げた形式であっても, 用法が異なれば, もう一度取り上げる必要がある。「こ・そ・あ」に限らず, 一般に, 一度取り上げた形式は再び取り上げない教科書が多い。

皮肉なことに，新出項目としては取り上げていないが，会話などの例文の中に未習の用法が何の説明もなく出てくることはよくあることである。「こ・そ・あ」の文脈指示用法についても，次のように例文としてはかなり早い段階で出てくるのである。

(53)　ミラー：きょうの　映画(えいが)は　よかったですね。
　　　木村(きむら)：ええ。特(とく)に　あの　お父(とう)さんは　よかったですね。［以下，省略］
　　　　　　　　　　　　（『みんなの日本語 初級Ⅰ 本冊』p.123）

また，「〜ている」は習得のむずかしい項目なので，ほとんどの教科書で複数の課にまたがって様々な用法を導入する配慮が見られるが，まだ配慮が足りないようである。たとえば，次のような誤用は，「完了」の「〜ている」が案外むずかしいことを示している。

(54)＊来年の春休みには卒業しました。　　　（台湾，上級）

「未完了」を表す「〜ていない」という形に比べて，「完了」の「〜ている」という形は，「現在完了」で現れにくいためか，盲点になっているようである。「現在完了」は「〜した」で表現することが可能だが，「未来完了」「過去完了」の場合は「〜した」ではおかしい。テンスを平行移動するだけだから簡単なはずだと高を括らずに，別個に説明する必要がありそうである。

8. 必要度に基づいて段階的に提示する文法に

3番目のポイントは，前に6.で述べた「コミュニケーションの必要性から出発する」ということ，および，7.で述べた「文法項目の立て方は用法単位に」ということと連動させて考えるべきことである。

日本語学的文法では「あれもこれも」と欲張って一挙に提示していたが，新しい日本語教育文法では，「まずはこれ，次にあれ」というふうに，必要度の高い順に段階的に提示するようにしたい。

たとえば，「〜ところだ」という表現を教えるとき，次の(55)のように「〜するところだ」「〜しているところだ」「〜したところだ」という3つのバリエーションを同時に教えることはしないで，その次の(56)や(57)のように，まず必要度が一番高い「〜たところだ」を提示し，次に「〜ているところだ」を教えるというのが適切だと考える。

(55) 1. ちょうど 今から 試合が <u>はじまる</u> ところです。
　　　　　　　　　　　　　　　<u>でかける</u>
　　　　　　　　　みんなで <u>しょくじする</u>
　　　2. 今 部屋を <u>かたづけて いる</u> ところです。
　　　　　論文を <u>かいて いる</u>
　　　　　アパートを <u>さがして いる</u>
　　　3. たった今 <u>おきた</u> ところです。
　　　　　バスが <u>でた</u>
　　　　　うちへ <u>かえって きた</u>
　　　　　　　　　　　（『みんなの日本語 初級Ⅱ 本冊』p.172）
(56) 萩原：今，だいじょうぶ？ お食事は？
　　　アンジニ：今，終わったところです。
　　　　　　　　　　　　（『新文化初級日本語Ⅱ』p.104）
(57) 服部：こちらでは，めんを入れるカップが作られています。今，カップに穴が開いていないか検査しているところです。検査は機械が自動的に行います。
　　　　　　　　　　　　（『新文化初級日本語Ⅱ』p.142）

同様に，「～ように」を教えようとして次の(58)のように3つの用法を同時に提示するのは，いかにも日本語学的文法の流儀である。
(58) 文型
　　　1. 速く 泳げるように，毎日 練習して います。
　　　2. やっと 自転車に 乗れるように なりました。
　　　3. 毎日 日記を 書くように して います。
　　　　　　　　　　　（『みんなの日本語 初級Ⅱ 本冊』p.86）

この場合も，まずは，文型2から提示するべきだろう。文型1を教えるのは，「ために」が出てきてからでも遅くないし，文型3も「する」と「なる」の対立で理解させたいのだろうが，文型2に比べると必要度が低い。

9. 学習者の勘違いを先回りして防ぐ文法に

　最後は，4.で述べた「学習者の視点に無関心な日本語学的文法」を克服するためのポイントである。これは，「学習者が知りたいと思うであろう肝心なこと」についての対策である。
　肝心なこととは，それを言っておかなければ学習者が文法説明を

自己流に拡大解釈してしまう恐れのあるような事柄のことである。誤用・非用の両方に対処するために，当該の表現の使い方を説明するだけでなく，「なぜ他の表現ではだめか」も説明する必要がある。

たとえば，次の(59)のような，動詞の過去形（「タ形」）についての誤用を防ぐためには，「病院で症状を説明する表現」を教える機会を捉えて，基本形（「ル形」）の使い方について，(60)のような説明をする必要がある。この説明は，基本形の用法についてだけでなく，なぜ過去形ではいけないかということまで言及している。

(59) ［医者への説明］*咳がよく出たんです。
(60) 繰り返しを表すル形で重要なのは過去にもあって今後も確実に起こる（と話し手が思っている）ことにはル形が使われるということです。例えば，(11)の場合，事実として咳が出たのは過去のことでしかありませんが，話し手は今後もしばらく咳が出続けると考えているためル形を使っているのです。

　　(11)　（医者への説明）咳がよく出るんです。

ここでもし(11)'のようにタ形を使うと未来も続くという含意が消え，今は咳が止まったということになります。

　　(11)'　咳がよく出たんです。

（庵功雄（他）(2001：p.70））

同様に，「結果の状態」の「～ている」が使えるようになるためには，代わりに使ってしまいがちな「～した」という形では違った意味になってしまうという情報を明示することが必要である。たとえば，次の(61)の説明に欠けているのは，「割れています」と言わずに「割れました」と言うと，自分が「割れる」という出来事が生じた現場に居合わせたかのような意味になってしまうという情報である。

(61) ①窓が　割れて　います。　　The window is broken.
　　 ②電気が　ついて　います。　The light is on.
（『みんなの日本語 初級Ⅱ 本冊』p.26）

　　　［中略］例①は，「窓が過去に割れて，現在その結果が残っている」ことを示している。　［原文は英語。白川訳］
（『みんなの日本語　初級Ⅱ翻訳・文法解説英語版』p.26）

また，「～ほうがいい」を「勧め」の表現と説明しただけでは不

十分で，拡大解釈によって次のような誤用が生じる可能性が残る。

(62) ?香港へ行ったら，港を見に行った<u>ほうがいい</u>ですよ。

このような勘違いをさせないために必要なのは，「～たほうがいい」という表現が単にその行為を勧める表現ではなく，「その行為をしないと悪い結果が生じるという含意を持ちやすい」(庵功雄(他)(2000：p.158))という情報である。

10. まとめ

日本語教育文法は学習者の視点から発想された文法でなければならないという大前提から出発して，この論文では，これまでの日本語教育文法が学習者の視点から発想されていたかどうか検討し，日本語教育文法をどのように変えていかなければならないかを論じた。

この論文で主張したのは，次のようなことである。

(63) これまでの日本語教育文法は，学習者の視点ではなく母語話者の視点から発想された「日本語学的文法」である。母語話者の視点は，学習者の視点と正反対だったり無関心だったりするため，必然的に様々な問題が生じる。

(64) 日本語学的文法に執着しているのは，ある種の思い込みが根底にあるからである。それらがもはや根拠のない思い込みだということに気づかなければならない。

(65) 「文法はことばが使えるようになるための手段である」という原点に立ち戻って，「教える内容」(「何を」「どの段階で」教えるか)を見直す必要がある。

日本語学的文法からの脱却は，文法の軽視ということではない。むしろ，これまでの文法を解体して，学習者の視点に立って新しい文法を再構築するということである。(64)(65)の補足として，さらに，(66)(67)の2点を付け加えておきたい。

(66) 学習者の視点で考えない日本語学的文法の主張に惑わされないように，参考書や論文を批判的に読み，本当に必要な情報が得られるようにしよう。

(67) 与えられた情報から取捨選択するだけでなく，必要なのに不足している情報を自分で補う努力をしよう。

なお，この2点に関しては，白川博之(2002)に詳しい議論がある。

調査資料

『初級日本語 げんきⅠ』,坂野永理・大野裕・坂根庸子・品川恭子,The Japan Times,1999.
『初級日本語 げんきⅡ』,坂野永理・大野裕・坂根庸子・品川恭子,The Japan Times,1999.
『初級日本語』,東京外国語大学留学生日本語教育センター(編著),凡人社,1994.
『新文化初級日本語Ⅱ』,文化外国語専門学校日本語課程(編),文化外国語専門学校(発行),凡人社(発売),2000.
『みんなの日本語 初級Ⅰ 本冊』,スリーエーネットワーク(編),スリーエーネットワーク,1998.
『みんなの日本語 初級Ⅱ 本冊』,スリーエーネットワーク(編),スリーエーネットワーク,1998.
『みんなの日本語 初級Ⅰ 翻訳・文法解説英語版』,スリーエーネットワーク(編),スリーエーネットワーク,1998.
『みんなの日本語 初級Ⅱ 翻訳・文法解説英語版』,スリーエーネットワーク(編),スリーエーネットワーク,1998.
Situational Functional Japanese Volume 3:Notes,First Edition,筑波ランゲージグループ,凡人社,1992.

引用文献

庵功雄・高梨信乃・中西久実子・山田敏弘(著),松岡弘(監修)(2000)『初級を教える人のための日本語文法ハンドブック』スリーエーネットワーク.
庵功雄・高梨信乃・中西久実子・山田敏弘(著),白川博之(監修)(2001)『中上級を教える人のための日本語文法ハンドブック』スリーエーネットワーク.
白川博之(2002)「記述的研究と日本語教育―「語学的研究」の必要性と可能性―」『日本語文法』2-2,pp.62-80,日本語文法学会.
田中真理・坪根由香里・初鹿野阿れ(1998)「第二言語としての日本語における作文評価基準―日本語教師と一般日本人の比較―」『日本語教育』96,pp.1-12,日本語教育学会.
寺村秀夫(1982,1984,1991)『日本語のシンタクスと意味Ⅰ,Ⅱ,Ⅲ』くろしお出版.

学習者の習得を考慮した日本語教育文法

田中真理

1. この論文の内容

　これまでの日本語の教科書では，学習者の習得という面からの配慮が十分ではなかった。初級教科書を見ると，文法項目の提出の仕方が形式面や意味面でセットになるように整えられている。たとえば，やりもらい表現の「〜てあげる」「〜てくれる」「〜てもらう」は常にセットで教えられているし，受身文の「直接受身」と「間接受身」も多くの教科書では同じ課で扱われている。しかし，学習者にとって，それぞれの構文の難易度が同じだという保証はない。

　この論文の前半では，やりもらい表現や受身表現などを中心とした「ヴォイス」について，これまでの教科書の提出の仕方と学習者の実際の習得状況とを照らし合わせる。そして，ギャップのあることを指摘し，これからの教科書がどうあるべきか検討する。具体的には，(1)から(4)の提案を行う。(1)については2.で，(2)については3.で，(3)については4.で，(4)については5.で述べる。そして，最後に，6.で初級に必要なヴォイスを整理する。

　(1)　初級教科書に取り上げられているヴォイス関係の文法項目とその習得状況：上級学習者にも使えないような構文や日本語母語話者でも限られた場面でしか使わないような構文が初級教科書で取り上げられているが，これらは整理し，学習者の負担を軽くすべきである。

　(2)　やりもらい表現の解体：これまでは「〜てあげる」「〜てくれる」「〜てもらう」はセットで教えられてきたが，習得面から考えると「行為者が主語に立つ文」である「〜てくれる」を，「行為の受け手が主語に立つ文」である「〜てもらう」より先に教えた方がよい。

　(3)　学習者は，まず自分のことを，聞き手に不快感をもたせ

ずに表現できるようになるべきである。そのためには，た
とえば，「〜てあげる」は教科書からはずした方がよい。
（4） 受身表現の解体：これまでは直接受身と間接受身がほぼ
同時に教えられてきたが，両者の習得状況にはかなりの差
がある。自動詞の受身などの間接受身は，必要性の面から
考えても，初級では教えなくてもよい。

　論文の後半では，学習者が文法を習得していく際に用いるストラ
テジーに注目する。学習者は新しい言語に挑戦する際に，いろいろ
なストラテジーを用いていると考えられる。それらは意識的に使わ
れる場合もあるだろうが，無意識に使われる場合も多い。教えられ
ていることと学習者の習得能力とのギャップを埋めるためにストラ
テジーが用いられているとすれば，ストラテジーの考察は，現在の
初級シラバスと学習者の習得能力とのギャップの解明につながる。
　ここで取り上げるストラテジーは，大きく2つに分けられる。1つ
目は（5）の挑戦的ストラテジーで，これについては7.で述べる。
2つ目は（6）と（7）の代用ストラテジーである。（6）については8.
で，（7）については9.で述べる。最後に10.で全体のまとめを行う。

（5） 挑戦的ストラテジー：学習者は，母語と同じものより母
語にないものや新しいもの，中立・無色のものよりインパ
クトのあるものを好む傾向がある。
（6） 「て」ストラテジー：学習者は，文の接続に困ったとき
に無意識に「〜て」で接続する傾向がある。
（7） 「たら」ストラテジー：学習者は，仮定条件を表すとき，
「〜と」や「〜ば」や「〜なら」を教えられていても「〜た
ら」で接続する傾向がある。

2. 初級シラバスと習得能力とのギャップ

　ここでは，現在，教科書に取り上げられているヴォイス関係の文
法項目と学習者の習得能力にギャップのあることを指摘し，必要性
も高くなく，かつ形式的にも難しいものは，整理し，初級教科書か
らはずすことを提案する。
　ヴォイス関係の文法項目とは，典型的には，受身文と使役文であ
る。ヴォイスをより広義に解釈すると，やりもらい表現もヴォイス
に含まれる。また，使役と受身が組み合わさった使役受身や，使役

とやりもらい文が組み合わさった「〜(さ)せてくれる」などもヴォイス関係の文法項目と言える。

　現在使われている教科書を見ると，これらのヴォイス関係の文法項目が初級後半に集中している。たとえば，『新文化初級日本語Ⅱ』では，受身が32課，使役が34課，「〜(さ)せてくれる」が35課，使役受身が36課というふうに続いている。そして，現在の教科書では，これらの文法項目が，読んだり，聞いたりしたときに理解できるだけでよいのか，あるいは，話したり，書いたり，つまり，使用できなければならないのかが区別されていない。したがって，学習者は，暗黙の了解で，後者の「使用」の段階までできることを期待される。

　しかし，これらのヴォイス関係の文法項目の習得状況を調べると，成功しているとは言いがたい。たとえば，口頭能力を測るＯＰＩのデータを集めたＫＹコーパスを見ると，初級ではどのヴォイスも使われておらず，中級になって初めて，やりもらい表現が使われるようになり，上級になって直接受身が使えるようになっている。しかし，超級でも使えないものもある。次の(8)と(9)は同じ学習者の発話である。

　　(8)　あの，他の先生に叱られますと，ま，その先生が助けてくれたりとか，あのう，しましたので……
　　　　　　　　　　　(ＫＹコーパス：中国語話者，超級，CS05)
　　(9)　横断歩道がある所は必ず車が止まって，あのう，何て言うー，あー，先に渡ってくれるんですけれども，台湾の方は違うんですよ。(ＫＹコーパス：中国語話者，超級，CS05)

　(8)では主語の省略(私)，受身文(叱られる)，主語の立て直し(その先生が)，やりもらい文(助けてくれる)が自然に使えていて，さすが超級になるとヴォイスも自動化している，つまり，ほぼ完全に習得されているかのように見える。しかし，(9)では学習者が「あのう，何て言うー」のように考えながら話しているにもかかわらず，「渡らせてくれる」の使役の部分「〜(さ)せ」が脱落して「渡ってくれる」になってしまっている。このように，ヴォイスの習得は難しく，これまでのシラバスでは，初級学習者にはかなりの負担がかかっていると言える。

　また，絵を使った筆記テストでヴォイスの習得状況を調べた田中

真理 (2004) によると，ヴォイスの習得状況は学習者の母語によってもかなり異なるし，日本で学習するのか外国で学習するのかという「環境」によっても異なる。受身文は定着していく場合もあるが，必ずしもそうではない。たとえば，「足を踏まれる」や「財布を取られる」などの「持ち主の受身」は，学習後しばらくは，1つのまとまり（チャンク）として記憶され，一見習得されているかのように見える。つまり，教えられた直後のテストではできる。しかし，半年も経つと，日本語の環境でも，「誰かが私の足を踏んだ」のような能動文に戻ったり，あるいは，同じ受身文でも「私の財布が取られて，バスに乗れなかった」のように直接受身の形で定着してしまったりする。前者は母語では能動文で表す英語話者などに多く，後者は中国語話者やインドネシア語・マレー語話者に多いが，母語に関係なく広く認められる。これは，おそらく，直接受身が間接受身（持ち主の受身）に対して無標，つまり，より一般的な形だからであろう。

次に，日本語母語話者のヴォイスの使用例を示す。(10) は，新聞に掲載されていた対談の一部である。

(10) ところがちょうど十年前に，足の傷がちっとも治らず，外科にいったところ，すぐ内科にまわされ，血糖値を測られたら三百もあって，即入院。

(『朝日新聞』1998.10.14)

(10) の「まわされる」は直接受身，「血糖値を測られる」は間接受身であるが，このような受身文を初級学習者が使えるようになる必要があるだろうか。特に間接受身は，ほとんどの場合はいやなことを表すのに使われ，使われる場面も限られる。

以上のように，ヴォイス関係のいくつかの文法項目は，必要性も高くなく，かつ形式的にも難しく，習得にも成功していない。これからの日本語教育，教科書では，このような項目を整理し，学習者の負担を軽くすることが必要である。以下では，どのように整理していったらよいか具体的に検討する。

3.「やりもらい表現」の解体

ここでは，やりもらい表現の中の構文の提出順序について検討する。これまでの初級教科書のやりもらい表現の課を調べると，2とおりの提出方法がある。1つは，表1の『みんなの日本語』のよう

に,「あげる」「くれる」「もらう」という本動詞とその補助動詞「〜てあげる」「〜てくれる」「〜てもらう」をまず出しておいて（7課と24課），後に本動詞「いただく」，その補助動詞「〜ていただく」などの敬語形式をまとめて提出する（41課）方法である。もう1つの方法は，表2の『ＩＣＵの日本語』のように，「あげる」「さしあげる」などの本動詞を敬語形式も含めて一括して提出し（19課），その後で，「〜てあげる」「〜てさしあげる」という補助動詞を提出する（20課）方法である。

表1 『みんなの日本語』における「やりもらい表現」の提出順序

7課	24課	41課
本動詞	本動詞・補助動詞	本動詞(敬語)・補助動詞(敬語)
あげる	あげる・〜てあげる	
	くれる・〜てくれる	くださる・〜てくださる
もらう	もらう・〜てもらう	いただく・〜ていただく

表2 『ＩＣＵの日本語』における「やりもらい表現」の提出順序

19課	20課
本動詞・本動詞（敬語）	補助動詞・補助動詞（敬語）
あげる・さしあげる	〜てあげる・〜てさしあげる
くれる・くださる	〜てくれる・〜てくださる
もらう・いただく	〜てもらう・〜ていただく

　まず，やりもらい表現の本動詞と補助動詞の違いについて明らかにしておく。本動詞は事実関係を表し，基本的に語彙レベルの問題である。「友達がりんごをくれた」には「りんご」の移動が事実としてある。したがって，表1のように「あげる」や「もらう」が語彙として先に提出されても不自然ではない。一方，補助動詞は主観的な使い方で，極端に言えば，文法的には使わなくても間違いではなく，語用論的な問題となる。つまり，「友達が駅まで送ってくれた」と言う代わりに「友達が駅まで（私を）送った」と言っても事実関係に間違いはないが，友達はあまりいい気持ちがしないということである。

ところで，表1と表2を見ていると，素朴な疑問(11)が沸いてくる。

(11) なぜ「あげる」「くれる」「もらう」,「〜てあげる」「〜てくれる」「〜てもらう」の3つが常にセットで教えられるのか。

と言うのは，やりもらい表現の補助動詞の3つは同時に習得されないからである。「〜てあげる」は，次の「4. 聞き手に対する配慮」においても触れるが，行為者（ここでは恩恵の与え手）と主語が一致するので，習得は難しくない。一方，恩恵を受けることを表す「〜てくれる」と「〜てもらう」については，音声による実験のYanagimachi(2000)においても，筆記テストによるTanaka(2005)においても，「〜てくれる」が「〜てもらう」に先行している。なぜ「〜てくれる」が「〜てもらう」に先行するかというと，まず，「行為者が主語に立つ文」が「行為の受け手が主語に立つ文」に対して無標，すなわち，より基本であるということ，そして，習得も「行為者が主語に立つ文」から「行為の受け手が主語に立つ文」へ進むと考えられるからである。英語の例を見ると，分かりやすいだろう。習得は(12)の「行為者が主語に立つ」能動文から，(13)の「行為の受け手が主語に立つ」受身文へと進む。

(12) She asked me to go on a trip with her.

(13) I was asked to go on a trip with her.

(12)(13)に対応する日本語の能動文，受身文はそれぞれ(14)(15)である。

(14) 彼女が私を旅行に誘った。

(15) 私は彼女に旅行に誘われた。

(16)の「〜てくれる」は，(14)と同じ「行為者が主語に立つ文」であり，形式的にも易しい。能動文(14)の文末に「〜てくれる」を付ければよいだけで，(15)の受身文や(17)の「〜てもらう」のように語順や助詞を変えたりする必要はない。

(16) 彼女が私を旅行に誘ってくれた。

(17) 私は彼女に旅行に誘ってもらった。

図1は，この本の「日本語学的文法から独立した日本語文法」（白川博之）で述べられている「日本語学的文法」に依存するこれまでの教科書のヴォイスの提出順序の一部である。ここでは，能動文か

らやりもらい表現へ，そして受身表現（受身文）へと続く。やりもらい表現の「～てくれる」と「～てもらう」は，まとめて大きな一つの文法項目として捉えられている。

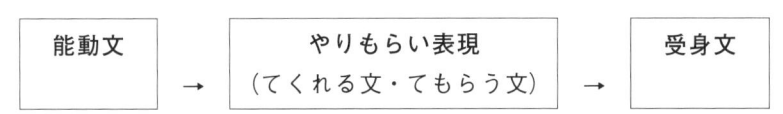

```
┌─────┐     ┌──────────────────┐     ┌─────┐
│能動文│  →  │  やりもらい表現   │  →  │受身文│
│     │     │（てくれる文・てもらう文）│     │     │
└─────┘     └──────────────────┘     └─────┘
```
図1　これまでの教科書のヴォイスの提出順序

そして，学習者がヴォイスを習得していく順序も，同じように能動文からやりもらい表現へ，次には，受身文へ進むというふうに漠然と考えられていたのではないだろうか。しかし，学習者の実際の習得状況を考察すると，そうではなく，図2に示されるように，習得順序は，能動文からやりもらい表現の中の「～てくれる」へ，次に「～てもらう」へと進んでいる。つまり，図2の下段に示されるように，「行為者が主語に立つ文」から「行為の受け手が主語に立つ文」へと習得が進むのである。

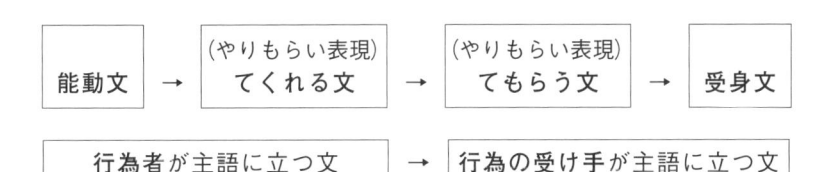

```
┌─────┐   ┌──────────┐   ┌──────────┐   ┌─────┐
│能動文│ → │(やりもらい表現)│ → │(やりもらい表現)│ → │受身文│
│     │   │ てくれる文 │   │ てもらう文 │   │     │
└─────┘   └──────────┘   └──────────┘   └─────┘

      ┌────────────────┐     ┌──────────────────┐
      │行為者が主語に立つ文│  →  │行為の受け手が主語に立つ文│
      └────────────────┘     └──────────────────┘
```
図2　学習者のヴォイスの習得順序

そこで提案したいのが，(18)である。
　　(18)　早く習得されやすい「～てくれる」を「～てもらう」よ
　　　　　りも先に教えてはどうか。
言い換えれば，「やりもらい表現」の解体である。形式的あるいは意味的に近い構文を関係付けるという，これまでのセット感覚を捨て，学習者の習得状況を考慮した提出方法を試みるべきである。
「～てくれる」を先に提出し，積極的に活用するメリットはもう1点ある。「～てくれる」が使えれば，恩恵を受けたことを表せると同時に，自然な「視点」の文を作れる。つまり，「～てくれる」には「視点転換」の機能があるのである。日本語のディスコースでは，話

者が関与することについて述べる場合には，普通は「私」を主語にする。しかし，「～てくれる」には，話者以外が主語に立っても自然な視点の文を作る機能があるのである。(19)と(20)の例文を見てみよう。(19)は来日3年目のアラビア語話者が書いた文である。

 (19) <u>友だちは</u>私にいっしょに旅行に行こうと<u>さそった</u>けど，
   ひまもないし，お金もないし　ことわりました。
         （アラビア語話者，中級後期）

アラビア語は類型論的に日本語から遠い言語である。受身文は当然初級で学習済みのはずだが，(19)では出現していない。英語話者やアラビア語話者の場合には，「友達が誘った」のような「行為者が主語に立つ文」からなかなか抜け出せず，「友達に誘われた」という受身文が作れない。一方，次の(20)は，来日半年のインドネシア語話者の作文である。

 (20) よるに，Mさんは私をせんとうに<u>すれていってくれました</u>。とてもうれしかったです。はじめて　うまれて，せんとうへ行きました。　　（インドネシア語話者，初級後期）

(19)と同じく「行為者が主語に立つ文」であるが，「～てくれる」の使用によって自然な視点の文になり，(19)よりも自然な日本語に感じられるのではないだろうか。

「～てくれる」はやりもらい表現なので，無論，中立や迷惑の意を表すことはできないが，とりあえずは容易に自然な視点の文を作ることができる。まずは，感謝の意を表せることを優先するという方針で，行為者が主語に立つ構文，「～てくれる」を積極的に活用すべきだろう。

4. 聞き手に対する配慮

第二言語でコミュニケーションを図る場合，語彙が稚拙であってもあまり問題にならないだろうが，ある構文を使えなかった，あるいは使ってしまったために，意図せず相手を不快にしてしまうということがありうる。このような点からも，やりもらい表現は重要だと言える。まずは，話し手（学習者）が直接関わる場合について検討する。

やりもらい表現には，話し手が恩恵を受けたときに使う「～てくれる」系と「～てもらう」系，それに，話し手が他の人に恩恵を与

えたときに使う「～てあげる」系がある。「系」を付けたのは，それぞれの敬語形である「～てくださる」「～ていただく」「～てさしあげる」も含めているからである。

　やりもらい表現が大切なのは，話し手の態度がその表現の中に自動的に含まれ，聞き手にそれが伝わるからである。話し手（学習者）が恩恵の受け手であるときには，「～てくれる」ないしは「～てもらう」を付けないと，恩恵の与え手に対して失礼になるし，それを聞いている聞き手にもよい感じを与えない。逆に，話し手が恩恵の与え手であるときには，受け手が誰であろうとも「～てあげる」を付けると，押しつけがましく聞こえる可能性が高く，聞き手にも，やはり，よい印象を与えない。

　たとえば，先生に対して，(21)は失礼で，それでは(22)のように敬語にすればよいのかというと，そういう問題ではなく，(23)のように謙譲表現を使わなければならないとされている。たとえば，庵功雄(他)(2000：p.112)にも，そのように説明されている。しかし，実際には，謙譲表現を使うよりも，(24)のように言って，相手の負担度を小さくしているのではないだろうか。(24)は初級学習者でも使える表現である。

　　(21)　?荷物を持ってあげます。
　　(22)　?お荷物を持ってさしあげます。
　　(23)　お荷物をお持ちいたします。
　　(24)　私が持ちます。

　そこで，このような回りくどいことを考えるぐらいなら，(25)を提案する。

　　(25)　初級教科書から「～てあげる」系を切り捨ててはどうか。

　現在，「～てさしあげる」については，3.の「やりもらい表現の解体」の表1の『みんなの日本語』のように取りあげない教科書も増えてきた。しかし，「～てあげる」はどの教科書にも残っている。思い切って「～てあげる」も切り捨てないと，(26)のような文は産出され続ける。

　　(26)　そうですねえ，一応あの，中国とか＜うん＞，台湾，各国から＜うん＞のお客さんの苦情の，あの，データを＜ええ＞翻訳したり＜ええ＞<u>解決してあげたり</u>，＜はあはあ＞そういう仕事をやっております。

(ＫＹコーパス：中国語話者，超級，CS03)

3.で述べたように，「～てあげる」は話し手が行為者で，かつ主語に立つので，習得面からは最も易しい。したがって，学習者が使う可能性は大いにある。また，「～てあげる」は，(27)のように第三者の行為を述べるのには，聞き手に不快感を与えることなく普通に使われるが，「～てあげる」を使わずに(28)のように言っても，聞き手に不快感を与えることはない。

  (27) 太郎さんが次郎さんを空港まで<u>送ってあげた</u>。
  (28) 太郎さんが次郎さんを空港まで<u>送った</u>。

以上の点からも，「～てあげる」系は，「やりもらい表現」から抹消しても問題がないと思われる。さらにもう1点，(29)について検討したい。

  (29) 「～てくださる」「～ていただく」などの敬語形式は，初級で必要だろうか。

3.の表1，表2に示したように，これまでの教科書では，やりもらい表現の敬語形式が初級で教えられている。しかし，「先生が教えてくださいました」は，「先生が教えてくれました」で十分ではないだろうか。方向が合っていればよいのであり，そもそも先生のいないところでは敬語はあまり使われない。聞き手にとっては，「先生が教えてくださった」と「先生が教えてくれた」間の落差よりも「先生が教えてくれた」と「先生が教えた」間の落差の方が大きいだろう。まずは後者のギャップを埋めることを優先させたい。

5.「受身表現」の解体

直接受身と間接受身は，ほとんどの教科書で同じ課に入っている。たとえば，『日本語初歩』では31課，『新文化初級日本語』では32課，『ＩＣＵの日本語』では28課である。しかし，習得面から見ると，両者の間には大きな差がある。ここでは，「受身表現」の解体について述べる。

2.において触れた受身文，(8)の「先生に叱られる」や(10)の「内科にまわされる」は直接受身である。直接受身には(30)のような対応する能動文がある。

  (30) 先生が私を叱る。

一方，間接受身については，持ち主の受身を間接受身に含める場

合と，別に立てて，直接受身，持ち主の受身，間接受身の3本立てにする場合がある。ここでは前者の分類に準ずる。いずれの場合にも，間接受身には，(31)のような自動詞の受身や(32)のような他動詞の間接受身が含まれるが，筆者が日本語母語話者を対象に行った絵を使用した間接受身調査では，これらの受身文は使われなかった。

(31) （私は）隣の人に騒がれた。（庵功雄（他）(2000：p.296)）
(32) （私は）先生にライバルをほめられた。
（庵功雄（他）(2000：p.296)）

それに対し，「足を踏まれた」や「財布を取られた」などの典型的な持ち主の受身は日本語母語話者にほぼ100%使われた。

Tanaka(2005)では，音声と筆記の両方でヴォイスの出現順序を調べた。(33)はOPIのKYコーパスで調べた発話データの結果で，(34)は筆記テストの結果である。(34)の筆記テストでは，前述したように，持ち主の受身以外の間接受身は日本語母語話者に使われなかったので，テストには，持ち主の受身のみが用いられている。

(33) やりもらい表現 ＞ 直接受身 ＞ 間接受身
(34) やりもらい表現 ＞ 直接受身 ＞ 持ち主の受身

(33)(34)の「＞」はヴォイス間の習得状況に階層性（含意関係）のあることを表す。たとえば，(34)では，持ち主の受身ができていれば直接受身もできていて，直接受身ができていれば，やりもらい表現もできているということが統計的に含意されているのである。つまり，「＞」の左側の文法項目は，右側の文法項目が出現する前提条件となっているのである。

それにもかかわらず，現在，間接受身は直接受身とほぼ同時に教えられている。そこで，再考すべきは，持ち主の受身以外の間接受身を初級で教える必要があるのかということである。たとえば，「雨に降られる」などの自動詞の受身は必要性が非常に低いと思われるが，多くの教科書で取り上げられている。『新文化初級日本語Ⅱ』では「雨に降られる」「友達に来られる」「子供に泣かれる」が，『ICUの日本語 初級3』では「降られる」「泣かれる」が取り上げられている。しかし，この「雨に降られる」は(35)の「雪は降られる」のように，あいまいな形で学習者の印象に残るに過ぎない。

(35) Sun set 前に，私とこい人は雪にすわりました。雪はふられました。気持はロマンチクになりました。

(インドネシア語話者・初級後期)

このように，必要性が低く，かつ難しい間接受身は初級教科書から切り捨てるべきだろう。

6. 初級で必要なヴォイス

ここでは，この論文の前半のまとめとして，これまでのやりもらい表現と受身表現についての検討を踏まえ，現在，初級教科書で扱われているヴォイス関係の文法項目を整理する。方針としては，形式的に難しいもの，語用論面で問題を起こしそうなもの，必要性の低いものを，初級シラバスからはずし，学習者の負担を軽くすることを目指す。

まず，やりもらい表現については，「〜てあげる」系と，「〜てくださる」などの敬語形式を初級では教えないこと，「行為者が主語に立つ文」である「〜てくれる」を，「行為の受け手が主語に立つ文」である「〜てもらう」よりも先に提出することを提案した。次に，受身表現に関しては，持ち主の受身以外の間接受身を初級シラバスからはずすことを提案した。

残るヴォイス関係の文法項目は，使役，使役受身，「〜（さ）せてくれる」「〜（さ）せてもらう」である。まず，「走らせる」のような使役や「食べさせられる」のような使役受身は，必要性の面から，また，語用論面から考えても不要である。次に，「〜（さ）せてくれる」「〜（さ）せてもらう」は，ＯＰＩの超級レベルの学習者でも使えていなかった。つまり，形式的に非常に難しい。したがって，これらの項目は，初級で教える基本的な項目ではないと言える。使役や「〜（さ）せていただく」を使った表現として，たとえば，(36)(37)は必要ではないかと思われるかもしれないが，これらは定型表現として覚えればよい。

(36) お待たせしました。
(37) 自己紹介させていただきます。

しかし，筆者は，これらも初級では必ずしも必要ではないと思う。なぜなら，その部分だけが他の自然な初級レベルの談話から浮き上がってしまうからである。あるいは，聞いて分かる，読んで分かるという「理解」の文法にとどめるべきで，話す，書くという「使用」の文法を目的としない方がよいだろう。

まとめると，現在の初級シラバスから，(38)から(41)の文法項目を取り除くと，初級シラバスが学習者の習得状況に合致したものになり，学習者の負担を減らすことができる。さらには，学習者の目的に応じて，これらの項目に関しては理解できるだけでよいものとするシラバスも可能である。また，中級文法に回すか，まったく教えないかを選択することも可能である。

(38) やりもらい表現のうちの，「～てあげる」「～てさしあげる」「～てくださる」「～ていただく」
(39) 受身表現のうちの自動詞の受身，他動詞の間接受身
(40) 使役，使役受身
(41) 「～(さ)せてくれる」「～(さ)せてもらう」「～(さ)せてくださる」「～(さ)せていただく」

7. 挑戦的ストラテジー

論文の後半，7.から9.では，学習者が新しい言語（第二言語）を学習し，使用していく際に見られるストラテジーを考察する。

学習者は，第二言語を学習する際に，現在持っている知識と周りのインプットから，第二言語の文法や語彙や音声のルールを推測し，新しい言語体系を築いていく。その際，第二言語の知識を最大限に使おうとする一方で，何らかの理由でどこかに制約がかかり，最小限の努力で使おうとする態度もうかがえる。前者の第二言語を最大限に使おうとする態度を，ここでは「挑戦的ストラテジー」とする。そして，後者の最小限の努力で，つまり，無意識にエネルギーを節約しようとする態度を，ここでは「代用ストラテジー」とする。この7.では，前者の「挑戦的ストラテジー」について考察する。

第二言語習得に関わる大きな要因の1つは学習者の母語である。母語に目標言語（ここでは日本語）と同じような構文があれば，習得は容易だと一般には考えられるが，母語との関係はそれほど単純ではなく，学習者の心理的な要因も関わってくる。たとえば，韓国語には「～てくれる」に相当する表現（「～てあげる」にも相当），「-chuda」はあるが，「～てもらう」に相当する表現はない。しかし，韓国語話者は母語と同じ「～てくれる」を使わずに，「～てもらう」を好んで使う。そこで，インタビューをしてみたところ，「「～てもらう」の方が日本語らしく聞こえる」とか「母語にないものを使っ

てみたい」とのことだった。このような学習者のチャレンジ精神を表しているのが「挑戦的ストラテジー」である。

「新しいものに挑戦したい」という学習者の心理言語学的な側面は日本語学習に積極的に活用したい。しかし，その一方で，この「挑戦的ストラテジー」は，新しく学習した構文を過剰に一般化して使ってしまうという現象も引き起こす。また，学習者は中立・無色の表現や構文よりも，意味的にインパクトのあるものを好むようである。たとえば，初級学習者の作文を見ると，逆接の「～が」や「～けれども」を使う方が自然な場合に，「～のに」の使われていることがある。「～のに」のような矛盾を表す意味的に強い接続表現は学習者の印象に残りやすいのだろう。(42)では前置き表現を表す「～けど」はできているが，「～のに」の接続は不自然である。

(42) いちばんおもしろかった時は，Mさんとしゃべることでした。Mさんは英語で話せなかった<u>のに</u>，「日語」で話しました。ちょっとたいへんだった<u>けど</u>，たのしかったです。今まで，Mさんの家族とたくさんあそびに行きます。私とMさんの国はちがう<u>のに</u>　友だちになりました。
(インドネシア語話者，初級後期)

(42)の例から分かるように，「～のに」を使うと学習者が意図しない矛盾や不満の意が出てしまう。(43)は日本語の初級教科書の例文であるが，「～のに」を「～が」や「～けれども」に換えても問題はない。

(43) きょうは　にちようびな<u>のに</u>，働(はたら)かなければ　なりません。　　　　　　　　　(『みんなの日本語 初級Ⅱ 本冊』p.162)

(44)は(43)の教科書に準拠して作られた作文の教科書の後半の応用編の一部であるが，「中級につなげる意見文などを書く練習」(『みんなの日本語初級 やさしい作文』p.iii)と説明されている。

(44) わたしの寮(りょう)の近(ちか)くにテレビや冷蔵庫(れいぞうこ)など，電気製品(でんきせいひん)がたくさん捨(す)てられています。そんなに古(ふる)くない<u>のに</u>，どうして捨(す)ててしまうのでしょうか。
(『みんなの日本語初級　やさしい作文』p.95)

「～のに」は初級で教える基本的な文法項目ではなく，(44)の説明にあるように，意見文が書ける段階，批判的に意見が言えるようになった段階で提出した方が効果的だと言える。「～が」や「～けれ

ども」は，逆接の接続表現であると同時に前置き表現としても使われるので，習得が難しいのかもしれない。もしそうなら，なおいっそう「〜のに」を提出して，学習者を混乱させる必要はないだろう。

次の(45)では，「(名詞)なら」がトピックを提示するときに使われている。

(45) インドネシア人はからいものが好きですが，わさびなら，あまり好きではなさそう。インドネシア人にわさびの味はちょっと変だと思います。

(インドネシア語話者，初級後期)

これは，(46)の会話練習のようにセットで教えられたものを，学習者が質問に対する答えの「なら」だけを記憶していて作文で使ったと考えられる。学習者にとって何かをトピックにして話す，書くという機会は多い。「わさびは」よりも新しく習った「わさびなら」の方がインパクトがある，あるいは新しい文法項目を使ってみたいという意識で使われたのだろう。しかし，主題の「は」と混同する可能性を考えると，「なら」は初級に不可欠な項目ではないと言える。

(46) パソコンを 買いたいんですが。(パソコン・パワー電気の)

→ パソコンなら，パワー電気のが いいですよ。

(『みんなの日本語 初級Ⅱ 本冊』p.79)

8.「て」ストラテジー

「挑戦的ストラテジー」に対して，学習者が困ったときに，無意識に，より簡単な形式で代用するストラテジーがある。これを「代用ストラテジー」とする。この論文では，代用ストラテジーの例として，「て」ストラテジーと，「たら」ストラテジーを紹介する。まず，初めに「て」ストラテジーについて述べる。

文あるいは節をつなぐ手段の1つに「〜て」がある。「〜て」は，学習者にとっては初期に覚えなくてはならない最もなじみのある形である。その結果，どうやら，困ったときの接続手段として，無意識に使われているようである。

学習者の書いた作文を詳しく見ると，「〜て」が，順接のみならず，逆接や仮定条件の代わりにも使われていることがある。ここではこれを「て」ストラテジーと呼ぶ。たとえば，(47)では，仮定条件の

「もし〜たら」の代わりに，「もし〜て」が使われている。

  (47) 日本で電気がいつもありますから，電車はあもり止まりません。もし，インドネシアで東京のような電車があって，楽しむです。 （インドネシア語話者，初級中期）

インドネシア語にも英語の「if」と同じように，仮定条件を表す「kalau」や「jika」という表現がある。これらは文頭に位置し，日本語の「もし」の位置と一致するが，機能としては「もし〜たら」に相当する。日本語では「もし」は省略できても，「たら」は省略できない。(47)のように「もし」と「たら」の間の文が少し長くなると，初級学習者は節末までコントロールできなくなるのかもしれない。その結果，学習者にとって最も負荷のかからない「〜て」が節末に使用されると考えられる。

次の(48)は，「〜と」とすべき箇所に「〜て」が使われている例である。「決められる」「閉じこめられている」などの受身文が使われていながら，「〜と」と「〜て」の対立が習得されていない。つまり，かなり日本語能力が高い学習者においても，困ったときの接続の手段として「〜て」が使われているのである。

  (48) 私はどうしても，親から決められたルールの中に閉じこめられている子供を見て，腹が立つ。
          （金沢裕之(2003：p.9)）

中国語話者の「〜て」接続の多用，ここでいう「て」ストラテジーは，これまでにも吉田妙子(1994)，北村よう(1995)，田代ひとみ(1995)，浅井美恵子(2002)，金沢裕之(2003)で指摘されてきたが，他の母語話者にも広く認められる。「〜て」はたしかに実生活において使用頻度が高く，インプットも多いだろう。しかし，初級前半で繰り返し行われる「て形」の形の練習，一日の生活を(49)などのように繰り返す練習が，さまざまな接続形式を「〜て」で代用するという現象を引き起こしている可能性がある。

  (49) 朝 ジョギングを して，シャワーを 浴びて，会社へ行きます。 （『みんなの日本語 初級Ⅰ本冊』p.130）

「〜て」の導入方法を再考するとともに，なぜ他の接続形式が習得されていかないのか考える必要がある。たとえば，「〜と」などの条件を表す接続形式は，次の9.で述べるように，初級では習得できる状態になっていないことが予想される。特に，同じような仮定条

件を表す「〜と」「〜ば」「〜たら」「〜なら」の4形式の提示が，学習者に混乱を与え，困ったときに「て」ストラテジーに結びつくのではないだろうか．さらに，「〜て」は意味的にソフトな接続形式で，誤解を生むような場面を作ることが少ないので，自然には修正されていかないのだろう．その結果，(48)のように上級レベルまで続いていき，習得が止まってしまうと考えられる．

9.「たら」ストラテジー

　この本の「話すための日本語教育文法」(山内博之)によると，初級で「〜と」「〜ば」「〜たら」「〜なら」を学習したはずの中級学習者がOPIの発話で安定して使っているのは，このうちの「〜たら」のみだということである．そこで，ここでは，作文に「〜と」「〜ば」「〜たら」「〜なら」などの仮定条件や「〜ても」などの譲歩の接続形式がどのように現れているか調べてみた．対象はそれらの接続形式を学習した初級修了直前の学習者の作文である．

　その結果，(50)のように，仮定条件の表現としては「〜たら」がもっぱら使われ，使い方にも成功していた．

　　(50)　でも，ファースト・フードはいつもおなじですから，もし毎日食べ<u>たら</u>，からだがゆっくりわるくなります．
　　　　　　　　　　　　　　　　　　　　　(中国語話者，初級後期)

それに対し，他の仮定条件の接続形式の使用は少なく，特に「〜と」はまったく使われていなかった．さらに，(51)の「家族がい<u>たら</u>」のように「〜たら」は正しく使われているが，「問題があっ<u>たら</u>」のように「〜ても」の代わりにも「〜たら」が使われているものがあった．

　　(51)　独身生活はあまりよくないと思います．生活も寂しいしつまらない時にだれもいないし，問題があっ<u>たら</u>相談もあまりできません．家族がい<u>たら</u>このことは一回もおきません．家族といろいろなことを話せますからしあわせになります．　　　　　　　(インドネシア語話者，初級後期)

これらは，「て」ストラテジーと同じように，「たら」ストラテジーと言ってもよいだろう．つまり，仮定条件，譲歩の接続形式が「〜たら」で代用されているのである．「〜ても」は，(52)のように「〜たら」とのセットで提出されることがあるが，初級での習得に成功

しているとは言えない。

(52)　A：結婚し<u>たら</u>，仕事をやめますか。
　　　 B：結婚し<u>ても</u>，仕事をやめるかどうかわかりません。
　　　　　　　　　　　　　　　（『ＩＣＵの日本語 初級2』p.145）

以上をまとめると，(53)(54)のようになる。

(53)　「～と」「～ば」「～なら」は，教えられても，初級修了時にはほとんど使われていない。もっぱら「～たら」が使われ，かつ適切に使われている。「～たら」は初級の文法項目に適しており，初級の仮定条件の表現としては「～たら」1つで十分である。

(54)　「～たら」と「～ても」とでは難易度が異なり，「～ても」は初級での基本的な文法項目ではない。

10. まとめ

この論文の前半では，ヴォイスに関して，これまでの教科書のシラバスと学習者の習得状況を比較し，ギャップのあることを指摘した。そして，(55)から(58)の具体的な改革案を示した。

(55)　これまでは「～てくれる」と「～てもらう」は同じ課で教えられてきたが，習得面から考えると，行為者が主語に立つ「～てくれる」を，行為の受け手が主語に立つ「～てもらう」よりも先に教えた方がよい。

(56)　学習者は，まず，自分のことを聞き手に不快感を持たせずに，表現できるようになるべきである。そのためには，やりもらい表現の「～てあげる」を初級文法からはずす。逆に，「～てくれる」は感謝の意を表せ，かつ，自然な視点の文を作れるので，もっと活用するとよい。

(57)　これまでは直接受身と間接受身がほぼ同時に教えられてきたが，両者の習得状況にはかなりの差が認められる。間接受身は初級で教えても無駄である。

(58)　必要性や形式的な難しさの面も考慮し，語用論的に聞き手によい印象を与えない可能性のあるヴォイス関係の項目は初級文法からはずす。具体的には，「～てあげる」「～てさしあげる」「～てくださる」「～ていただく」，間接受身，使役，使役受身，「～(さ)せていただく」などである。

論文の後半では，接続形式に関する学習者のストラテジーに注目し，それらを「挑戦的ストラテジー」と「代用ストラテジー」に分けて考察し，(59)から(61)のように述べた。

(59) 「挑戦的ストラテジー」として，「〜のに」「(名詞)なら」が過剰に一般化されて使われている。「〜のに」「(名詞)なら」は，初級で必ずしも教える必要はない。

(60) 学習者は，文の接続に困ったときに「〜て」で代用している。その原因としては，本来使うべき接続形式の一部が初級で提出するのに適していないことが考えられる。

(61) 学習者は，仮定条件を表すのに「〜たら」のみを使っており，かつ，それがおおむね適切に使われている。「〜たら」は初級での習得に適していると言える。他の仮定条件や譲歩を表す接続形式は初級では習得が難しい。

　既成の概念を捨て，「やりもらい表現の解体」のように枠組みを変えることによって，学習者の負担を軽くし，より効率的，効果的な教育が可能となる。日本語学の枠組みを借りて作られたセット形式の日本語教育の文法項目を一度解体して，習得の難易度を考慮したうえで，不要なものを切り捨てると，初級文法をかなり整理することができる。これからの日本語教育においては，学習者の目的を明らかにし，本当に必要なものだけを教えることが大切である。言い換えれば，「無駄なエネルギーは使わない・使わせない」ことである。

調査資料

『朝日新聞』，朝日新聞東京本社，朝刊14版．
『新文化初級日本語Ⅱ』，文化外国語専門学校日本語課程(編)，文化外国語専門学校(発行)，凡人社(発売)，2000．
『日本語初歩』，改訂版，国際交流基金(編)，凡人社，1986．
『みんなの日本語 初級Ⅱ 本冊』，スリーエーネットワーク(編)，スリーエーネットワーク，1998．
『みんなの日本語初級 やさしい作文』，門脇薫・西馬薫(著)，スリーエーネットワーク，1999．
『ＩＣＵの日本語 初級2』，国際基督教大学(編)，講談社インターナショナル，1996．
『ＩＣＵの日本語 初級3』，国際基督教大学(編)，講談社インターナショナル，1996．

KYコーパス，鎌田修・山内博之，version 1.1, 1999．［問い合わせ先（山内博之）のメールアドレスは，hyamauch@univ.jissen.ac.jp。］

引用文献

浅井美恵子(2002)「日本語作文における文の構造の分析—日本語母語話者と中国語母語の上級日本語学習者の作文比較—」『日本語教育』115，pp.51-60, 日本語教育学会．

庵功雄・高梨信乃・中西久実子・山田敏弘(著)，松岡弘(監修)(2000)『初級を教える人のための日本語文法ハンドブック』スリーエーネットワーク．

金沢裕之(2003)「日本語教育における「～と」接続文の位置付けについて」『日本學報』54，pp.1-16, 韓国日本學会．

北村よう(1995)「中国語話者の作文における文接続の問題点」『東海大学紀要』15, pp.1-11, 留学生教育センター．

田代ひとみ(1995)「中上級日本語学習者の文章表現の問題点—不自然さ・わかりにくさの原因をさぐる—」『日本語教育』85, pp.25-37, 日本語教育学会．

田中真理(2001)「ディスコースと日本語教育」，平澤洋一(編)『認知文論』(日本語教育学シリーズ　第5巻) pp.183-229, おうふう．

田中真理(2004)「日本語の「視点」の習得：英語，韓国語，中国語，インドネシア語・マレー語話者を対象に」，南雅彦・浅野真紀子(編)『言語学と日本語教育Ⅲ』pp.59-76, くろしお出版．

吉田妙子(1994)「台湾人学習者における「て」形接続の誤用例分析—「原因・理由」の用法の誤用を焦点として—」『日本語教育』84, pp.92-103, 日本語教育学会．

Tanaka, Mari (2005) The preliminary study on acquisition order of viewpoint-related voice in Japanese as a foreign/second language. In M. Minami, H. Kobayashi, M. Nakayama and H. Sirai (eds.) *Studies in language sciences* (4), pp.205-226, Tokyo: Kuroshio Publishers.

Yanagimachi, Tomoharu (2000) JFL learners' referential-form choice in first- through third-person narratives, 『日本語教育論集　世界の日本語教育』10, pp.109-128, 国際交流基金日本語国際センター．

学習者の母語を考慮した日本語教育文法

井上 優

1. この論文の内容

　日本語教育文法は，学習者の視点から発想されたものでなければならない。そして，学習者の視点は，学習者の母語によって異なる。当然，学習者の視点から発想された日本語教育文法は，学習者の母語によって違ったものになるはずである。

　母語が異なる学習者が同じ教室に混在する日本国内の教育現場では，学習者の母語に関係なく一律の文法が用いられる。『新日本語の基礎』や『みんなの日本語』の文法解説書のような教材も，そのような需要にこたえるものである。しかし，学習効率の点では，学習者の母語に合わせた日本語教育のほうがはるかに効率的である。教室での一斉授業を前提としない独習用教材はもちろん，学習者の母語が同じ海外の教育現場においても，一律の文法はまったく非効率的である。学習者にとっては，自らの母語が十分に考慮された，少ない労力で大きな成果が得られる文法こそが必要なのである。

　この論文ではまず，学習者の母語を考慮しない一律の文法は，(1)(2)の2つの点で，学習者のためにならないことを述べる。(1)については2.で，(2)については3.で述べる。

　　(1)　一律の文法は，学習者にとって不要なことが書かれ，肝心なことが書かれない。
　　(2)　一律の文法は，教師にわかりやすい文法であり，学習者にわかりやすい文法ではない。

　次に，少ない労力で大きな成果が得られる文法を考えるためには，学習者の母語を基準として日本語の文法を考える必要があることを述べる。具体的には，(3)から(5)のことを述べる。(3)については4.で，(4)については5.で，(5)については6.と7.で述べる。

　　(3)　不要な文法説明をなくし，その分，学習者にとって重要な情報を提供すべきである。

（4）　学習者の母語を活用して，表現の使用の動機や，具体的な場面での使用の可否がわかる説明にすべきである。
　　（5）　日本語の感覚を学習者に理解させるよりも，説明のしかたを学習者の母語の感覚に合わせるべきである。
最後の 8. では，母語別の日本語教育文法を考える上で最も重要な(6)について述べる。
　　（6）　母語別の日本語教育文法は，「言語の対照研究の成果を日本語教育に生かす」という観点からではなく，「学習目的の実現のために学習者の母語をどう考慮するか」という観点から考えるべきである。

2．一律の文法は肝心なことが書かれない

　学習者の母語を考慮しない一律の文法は，学習者にとって不要なことが書かれ，肝心なことが書かれない非効率的な文法である。
　たとえば，『みんなの日本語 初級Ⅰ 翻訳・文法解説韓国語版』には，連体助詞「の」について(7)のような説明がある。
　　（7）　名詞₁の 名詞₂
　　　　　前の名詞が後の名詞を修飾限定する場合，2つの名詞を「の」でつなぐ。[以下，省略]
　　　　　　　　　　　　　　　　　　　　　　[原文は韓国語。井上訳]
　　　　　（『みんなの日本語 初級Ⅰ 翻訳・文法解説韓国語版』p.17）
韓国語には，日本語の「の」にあたる助詞「의（uy）」があり，語順も日本語と同じである。「前の名詞が後の名詞を修飾限定する場合」という説明は，「の」にあたる形式を持たない言語，あるいは日本語と語順が逆の言語を母語とする学習者にとっては意味があるだろうが，韓国語話者には不要である。
　韓国語話者にとって重要な情報は，「の」の使用頻度が「의」よりもはるかに高いことである。韓国で出版されている教材では，この点を考慮して，たとえば(8)のような説明がなされている。
　　（8）　「の」の最も代表的な機能は名詞と名詞の間について '〜의' の意味で使われることだが，これ以外にも '〜の物' など多様に使われている。日本語では名詞と名詞の間には必ず「の」が入るが，韓国語では省略されることが多い。
　　　　　① '〜의' の意味で使われる場合（韓国語の翻訳では省略

されることが多い。）
〈時〉　土曜日の夜　토요일 오후
　　　　今朝のニュース　오늘 아침 뉴스
〈場所〉　教室の中　교실 안
　　　　外国の香水　외국 향수
〈人〉　わたしの本　내 책
　　　　山田さんの誕生日　야마다 씨의 생일
［以下，省略］

［原文は韓国語。井上訳］
（『会話・作文・読解のための日本語文法プラス』p.13）

　逆に，「の」にあたる要素を省略しない言語を母語とする学習者には，「日本語では名詞と名詞の間には必ず「の」が入る」という情報は不要である。文法項目について学習すべき内容は，学習者の母語によって異なるのである。しかし，一律の文法では，学習者の母語ごとの個別事情にきめ細かく対応することができない。

　もう1つ例をあげよう。日本語教科書では，話し手と聞き手が互いに見える場所にいるイラストを用いて，話し手に近いものは「こ」，聞き手に近いものは「そ」で指すと説明する。その際，次の(9)のように，聞き手が話し手から見えない遠くの場所にいる場合は，説明の対象にならない。

　（9）　［海外にいる友人に電子メールで］
　　　　こちらはたいへん暑いですが，そちらはどうですか。

　韓国語でも，聞き手が話し手から見える場所にいるかどうかに関係なく，聞き手に近いものは「そ」にあたる指示詞「ユ(ku)」で指される。上の(9)のような「そ」の使い方も，「聞き手に近いものは「そ」で指す」という説明から類推できるので，(9)のようなケースを例文に含めるだけでよい。

　これに対し，中国語の指示詞は「这(zhe)」（話し手から近い）と「那(na)」（話し手から遠い）の2つであり，「そ」にあたる指示詞がない。中国語話者にとって，教科書の「聞き手に近いものは「そ」で指す」という説明は，話し手と聞き手が互いに見える場所にいる場合の「そ」の使い方を説明したものでしかなく，そこからそれ以外の場合の「そ」の使い方を類推することは難しい。そのため，先の(9)のように，聞き手が遠く離れた場所にいる場合，「あなたは

ずっとむこうの方にいる」という感覚で，(10)のように「むこう」を使うことがある。

 (10) ［日本にいる友人に中国から電子メールで］
    こちらはたいへん暑いですが，むこうはどうですか。
                （中国，上級）

　中国語話者に対しては，電話やメールなど，聞き手が話し手から遠く離れた場所にいる状況のイラストをあげて，「聞き手が話し手から見える場所にいるかどうかに関係なく，聞き手に近いものは「そ」で指す」ということを説明する必要がある。

3. 一律の文法は学習者にわかりにくい

　学習者の母語を考慮しない一律の文法は，教師にわかりやすい文法であり，学習者にわかりやすい文法ではない。学習者の母語が特定されれば，それに合わせて学習者にわかりやすい文法を考えることができるが，学習者の母語が特定されなければ，結局は教師にわかりやすい文法を考えるからである。

　たとえば，『みんなの日本語』では，第10課「会話」の「あのう，チリソースはありませんか？」という否定疑問文について，(11)のような説明をおこなっている。(11)は『みんなの日本語 初級Ⅰ 翻訳・文法解説中国語版』の説明だが，韓国語版も同様である。

 (11) 「あります」ではなく，「ありませんか」という否定形を
    使って尋ねると，「(チリソースが) ない」という答えも考
    慮した婉曲な質問になり，話し手の丁寧な気持ちが伝わる。
             ［原文は中国語。井上訳］
    （『みんなの日本語 初級Ⅰ 翻訳・文法解説中国語版』p.71）

　しかし，(11)のような説明をするのは，こう説明すれば学習者に「～はありませんか」の意味がよくわかるからではない。日本語学でこのような説明がなされており，また教師にとって直感的にわかる説明だからである。

　学習者の母語が韓国語の場合を考えよう。日本語と韓国語の否定疑問文は基本的に同じ意味を表す。「～はありませんか」を韓国語に直訳した文も，日本語と同様，ものがあるかどうかを遠慮がちに尋ねる文である。よって，韓国語話者に対しては，(11)のような説明は不要である。

次に，学習者が中国語話者の場合を考えよう。日本語と中国語の否定疑問文の意味はかなり異なり，「～はありませんか」を中国語に直訳した「没有(meiyou)～吗(ma)」は，日本語の「～はないのですか」と同様，ものがないことを確認する文になる。ものがあるかどうかを遠慮がちに尋ねる場合は，「有(you)～吗(ma)」(～はありますか) と言う。そのため，中国語話者は，先の(11)のような説明をされても実感がわかない。学習者によっては，「「～はありますか」は丁寧な質問ではない」と誤解するかもしれない。「～はありますか」でも十分に丁寧なので，中国語話者に対しては，遠慮がちな質問の「～はありませんか」は理解できればよいものとし，「～はありますか」の遠慮がちな言い方であることを説明するだけのほうがよい。

中国語話者には，むしろ勧誘を表す「～ませんか」についてきちんと説明すべきである。「～ませんか」を直訳した中国語の否定疑問文は，動作をしないことを確認する文であり，勧誘表現にはなりにくい。また，中国語で勧誘を表す最も一般的な表現は「～吧(ba)」(～ましょう) だが，この本の「コミュニケーションのための日本語教育文法の設計図」(野田尚史) で述べられているように，日本語では，勧誘の際は「～ましょう」よりも「～ませんか」を用いるほうが普通である。中国語話者に対しては，日本語では「～ませんか」が最も一般的な勧誘表現であることをきちんと説明すべきである。

もう1つ例をあげる。韓国語には，「は」と同じように用いられる「은(un)／는(nun)」という助詞がある。韓国語話者に対しては，(12)のように，「は」が韓国語の「은／는」にあたることを述べればよく，「は」の文法的性質を説明する必要はない。

(12) は：「～은」，「～는」に相当し，助詞として使用するときは「wa」と読む。

[原文は韓国語。井上訳]
(『高等学校日本語Ⅰ』p.30)

しかし，このような，学習者の母語の表現を利用した説明は，その言語を母語とする学習者にしか使えない。そのため，学習者の母語を考慮しない一律の文法では，日本語学の知見にもとづき，たとえば(13)のように，「は」の文法的性質を説明することになる。

(13) 1. 名詞₁は 名詞₂です
    1) 助詞「は」

助詞「は」は，その前の名詞が文の主題であることを表す。話し手はそれに対して話したいことを，「は」をつけて提示して，それにいろいろな叙述を加えるやり方で文を構成することができる。
　① わたしは マイク・ミラーです。
　　 저는 마이크 밀러입니다.
[原文は韓国語。井上訳]
(『みんなの日本語 初級Ⅰ 翻訳・文法解説韓国語版』p.16)

　しかし，「主題」という文法概念が理解できるのは，日本語学を勉強した教師だけである。そのような概念による説明は，学習者にとっては負担にしかならない。太田亨（2002：p.58）の次の(14)のコメントは，学習者の母語を考慮しない一律の文法が持つこのような問題を的確に指摘したものである。

(14) 　［『みんなの日本語』の各国語版は］どの言語版でも同一に近い記述にしており，しかも内容面から見て明らかに日本語文法の事実からの知見のみを各国語に訳したものである。このような内容の文法書は，たとえ学習者の母語で説明されても大変難解なものになる場合が多いという事実を筆者は学習者の立場からも，また教師教育を行った立場からも経験的に知っている。
（太田亨（2002：p.58））

4. 不要な文法説明をなくし，重要な情報を提供する

　2.と3.で見たように，学習者の母語を考慮しない一律の文法は，非効率的で学習者に不要な負担を強いる文法である。少ない労力で大きな成果が得られ，学習者にわかりやすい日本語教育文法を考えるには，学習者の母語を基準にして日本語文法を考える必要がある。
　第1に，不要な文法説明をなくし，その分，学習者にとって重要な情報を提供すべきである。特に韓国語話者の場合，初級の文法項目は，形を覚えれば文法的な説明は必要ないことが多い。たとえば，『みんなの日本語 初級Ⅰ 翻訳・文法解説韓国語版』の「文法解説」でとりあげられている143の項目のうち，活用などの形に関する説明以外で，「文法解説」で述べられている程度の説明が必要な項目は，(15)から(27)にあげるように，20に満たない。

(15) こちら・そちら・あちら・どちら（第3課）
　　　（韓国語には場所の丁寧表現がないため）
(16) ね（第4課），よ（第5課）
　　　（韓国語には「ね」「よ」に意味的に対応する終助詞がないため）
(17) お〜（第6課），ご〜（第13課）
　　　（韓国語には「お」「ご」にあたる接頭辞がないため）
(18) 〜ませんでした（第7課）
　　　（日本語の「〜ませんでした」は「まだです」という未実現の意味で使えないが，韓国語では「まだ〜ませんでした」にあたる形が未実現を表すため）
(19) な形容詞（第8課）
　　　（韓国語では，サ変動詞，ナ形容詞にあたる語がともに「〜하다(hata)」となるため）
(20) 〜が わかります，〜が 好きです／嫌いです，〜が 上手です／下手です（第9課）
　　　（韓国語では，理解，好悪，可能・不可能の対象は「を」にあたる助詞で表すため）
(21) あります／います（第10課）
　　　（韓国語には「いる」と「ある」の区別がないため）
(22) 〜が 欲しいです，〜が 〜たいです（第13課）
　　　（韓国語では，願望の対象は「を」にあたる助詞で表すため）
(23) 結婚しています，知っています　など（第15課）
　　　（「結婚しています」は韓国語では「結婚しました」にあたる形が用いられ，「知っています」は「知ります」にあたる形でも言えるため）
(24) 〜までに（第17課）
　　　（韓国語は「〜まで」と「〜までに」がともに「〜まで」にあたる形で表されるため）
(25) 〜と（第23課），〜たら（第25課）
　　　（韓国語の条件表現には，日本語の「〜と」「〜ば」「〜たら」の区別に直接対応する区別がないため）
(26) くれます，〜てくれます（第24課）

(韓国語は「あげる」と「くれる」の区別がないため)
(27) 〜てもらいます(第24課)
(韓国語では一部の動詞でしか「〜てもらう」にあたる形が成立しないため)

このうち，(22)にあげた「〜が 〜たいです」，(25)にあげた「〜と」は，それぞれ「〜を 〜たいです」「〜たら」を学べば用は足りるので，初級で導入する必要はない。(27)の「〜てもらいます」も，「私は父に英語を教えてもらいました」のような文は「父が私に英語を教えてくれました」と言えば用は足りるので，やはり初級で導入する必要はない。

　学習者の母語に類似の表現がある場合は，文法形式であっても文法説明はおこなわず，語彙項目として扱えばよい。そして，説明を減らした分，学習者にとって重要な情報を提供したほうがよい。たとえば，先の(16)の「ね」「よ」については，『みんなの日本語 初級I 翻訳・文法解説韓国語版』では，(28)(29)のような抽象的な説明が，状況説明のない例文とともに示されているだけである。

(28) 文ね
　　　文末の「ね」は，話し手の気持ちを添える作用がある。話し手の相手に対する同情の気持ちや相手の同意を期待する気持ちが「ね」に含まれる。後者の意味の「ね」は確認の機能がある。
　　　　　　　　　　　　　　　　　［原文は韓国語。井上訳］
(『みんなの日本語 初級I 翻訳・文法解説韓国語版』p.35)

(29) 文よ
　　　「よ」は，文末で用いられて，聞き手が知らない事実を知らせたり，自分の判断や意見などを聞き手に強く述べたりする場合に使われる。
　　　　　　　　　　　　　　　　　［原文は韓国語。井上訳］
(『みんなの日本語 初級I 翻訳・文法解説韓国語版』p.41)

終助詞はコミュニケーションにおける重要な要素なので，どのような場面で「ね」「よ」を用いるのか，また，イントネーションによって意味がどう変わるのかを，具体的に説明したほうがよい。

　一方，初級後半で導入される使いでのある表現のうち，くわしい文法説明が必要ない表現を，より早い段階で教えることも可能であ

ろう。たとえば『みんなの日本語』では，結果状態の「～ている」，依頼の「～てくださいませんか」は初級後半で導入されるが，これらは韓国語に対応する形があるので，初級前半で導入してもよい。

　日本語と韓国語の相違点も，互いによく似た言語であるだけに，学習者にとっては重要な情報である。たとえば，韓国語にも日本語の「する，した」と「している，していた」にあたる対立がある。しかし，両者の使い分けは日本語と異なるところが少なくない。

　　(30)　A：日本に来る前には，何をしていましたか？
　　　　　B：大学で日本語を教えていました。
　　(31)　A：日本に来る前には，何をしましたか？
　　　　　B：家族と食事したり，おみやげを買ったりしました。

井上優(他)(2002)で述べられているように，日本語では，来日するまで従事し，現在従事してない職業を問う場合は，(30)のように動作継続の「していた」を用い，来日に至るまでの経過を問う場合は，(31)のように「した」が用いられる。しかし，韓国語では，「していた」にあたる形を使わずに，「した」にあたる言い方をしても，来日するまで従事した職業を問う文になる。韓国語に比べて日本語では継続形が多用されるので，韓国語話者に「～ている」を教える際には，たとえば次の(32)のように，どのような場合に動作継続の「～ている」を用いるかを具体的に説明したほうがよい。

　　(32)　「今はそうではない」という気持ちで，過去のある期間に
　　　　　おこなわれた動作を述べる場合は，「～ていた」を用いる。

5. 表現の使用の動機や使用の可否がわかる説明にする

　第2に，学習者の母語を活用して，表現の使用の動機や，具体的な場面での使用の可否がわかる説明にすべきである。

　たとえば，『みんなの日本語 初級Ⅱ 翻訳・文法解説中国語版』には，「たばこを買ってくる」「電話をかけてくる」の類の「～てくる」について，次のような説明がある。

　　(33)　2．動詞て形 来ます
　　　　　1)「動詞て形 きます」は「ある場所に行って，ある動
　　　　　　作をして戻ってくる」という意味を表す。
　　　　　　⑨　ちょっと たばこを 買って 来ます。
　　　　　　　　我去买包烟来。

例⑨は，(1)たばこを売っている場所に行き，(2)そこでたばこを買い，(3)もとの場所に戻る，という3つの動作を表す。

[原文は中国語。井上訳]

(『みんなの日本語 初級Ⅱ 翻訳・文法解説中国語版』pp.110-111)

「ある場所に行って，ある動作をして，もとの場所に戻る」という説明はあまりよい説明ではない。これだけでは，「～てくる」を用いる動機が学習者には理解できないからである。

この種の「～てくる」が表すのは，当該の動作が「その場を一時的に離れておこなうちょっとした動作」だという気持ちである。そして，この気持ちは，中国語の「去(qu)～就来(jiu lai)」（去：行く，就：すぐに）と共通するところがある。「去～就来」は，(34)(35)のように，「趟(tang)」（1回）や「个(ge)」（1つ）などの動作量を表す要素と組み合わせて用いられ，当該の動作がちょっとした動作であるという気持ちを表す。

(34) 銀行へ行ってきます。
　　　我 去 趟 銀行 就 来。
　　　私 行く 1回 銀行 すぐ 来る
(35) ちょっと電話をかけてきます。
　　　我 去 打 个 電話 就　来。
　　　私 行くする 1つ 電話 すぐ 来る

中国語話者にこの種の「～てくる」の説明をおこなう場合は，先の(33)のような説明をしなくても，次の(36)のように中国語訳をつけて例文をあげればよい。

(36)　～て来ます　去～就来。
　　　① ちょっと たばこを 買って 来ます。
　　　　　我去买包烟就来。
　　　② ちょっと 電話を かけてきます。
　　　　　我去打个电话就来。

このような学習者の母語の表現を活用した説明は，学習者の語感に直接訴えるため，学習者には非常にわかりやすい。ただし項目によっては，そのような直接的な説明が誤用の原因となることもあるので，慎重な吟味が必要である。特に，辞書や文法書における「定

訳」的な表現を多用することについては注意を要する。
　たとえば，中国語話者向けの日本語の辞書や教材では，「～てもいい」に「可以(keyi)」という訳があてられるのが一般的である。
　　(37)　【てもいい】
　　　　　　１Ｖ-てもいい＜許可＞　可以、也行。
　　　　　　　　　　　　（『日本語文型辞典 中国語訳（簡体字版）』p.369）
しかし，「～てもいい」と「可以」は使える相手が異なる。平叙文の「～てもいい」は「許可を与える」という意味が強く，目上の人の動作に対して用いるのは失礼である。一方，中国語では，目上の人に対して「可以」を用いて(38)のように言うのは失礼ではない。「可以」は「私の側では問題はない」という話し手側の事情を述べるだけで，相手に許可を与えるという意味は特にないからである。
　　(38)　[先生に作文を見てほしいと頼んだところ，今日は時間
　　　　　がないと言われて]
　　　　　　　如果　您　　今天　没　　时间　的话，明天　看　　也　可以。
　　　　　　　もし　あなた　今日　ない　時間　仮定　明日　見る　も　いい
　　　　　（今日時間がなければ，明日見てもいいです。）
「～てもいい」は，使用する表現としては，相手に許可を求める「～てもいいですか」だけを教え，相手に許可を与える「～てもいい」は理解できればよいものとする。また，辞書や文法書でも，「～てもいい」という表現に対して中国語訳をつけるのではなく，使う場面ごとに別の中国語訳をあてたほうがよい。たとえば，(39)のように，相手に許可を求める「～てもいいか」には「可以～吗」，相手に許可を与える「～てもいい」には「我允许(wo yunxu)」（私は許可する）という訳をあてることが考えられる。
　　(39)　～てもいいです
　　　　　①～てもいいですか？　可以～吗？
　　　　　　相手に許可を求める。目上の人に言う場合は「～てもよろしいですか？」と言う。
　　　　　②～てもいいです。　我允许～
　　　　　　相手に許可を与える。対等の人に言う場合は，「～てもいいですよ」のように「よ」をつける。目上の人に使うのは失礼なので，目上の人に「～てもいいですか」と聞かれて承諾する場合は，「どうぞ」と答える。

6. 文法説明を学習者の母語の感覚に合わせる

　第3に，日本語の感覚を学習者に理解させるよりも，文法説明を学習者の母語の感覚に合わせるべきである。

　たとえば，「～ている」の用法は，大きく「動作継続」「結果維持」「結果残存」の3つに分かれる。(40)は動作継続，(41)は結果維持，(42)は結果残存の例である。

　　(40)　テレビを見ています。
　　(41)　椅子に座っています。
　　(42)　窓が割れています。

中国語話者にとって，「テレビを見ている」のような動作継続の「～ている」と，「座っている」のような結果維持を表す「～ている」の意味はイメージしやすい。中国語でもこの場合は，「～ているところだ」という意味を表す「在(zai)～」，「～たままでいる」という意味を表す「～着(zhe)」が使えるからである。

　　(43)　在看（見ているところだ）
　　(44)　坐着（座ったままでいる）

日本語学では，結果維持の「～ている」は，結果残存の「～ている」とともに「結果状態」として説明される。しかし，中国語の感覚では，動作継続の「～ている」と結果維持の「～ている」はともに「続いている」というイメージがあるので，両者は(45)のように，持続の「～ている」としてまとめて導入するのがよい。

　　(45)　～ています［持続］
　　　　　　「動詞て形 います」は，「在＋動詞」や「動詞＋着」と同じく，動詞が表す動作が続いていることを表す。

　次に，「割れている」「壊れている」のような結果残存の「～ている」は，通常「結果存続」と説明される。『みんなの日本語 初級Ⅱ 翻訳・文法解説中国語版』でも，「窓が割れています」という文について，(46)のような説明がなされている。

　　(46)　**名詞**が **動詞て形** います
　　　　　① 窓が 割れて います。　　　窓戸破了。
　　　　　［中略］
　　　　　例①は，過去のある時点で窓が割れ，現在その状態が引き続き存続していることを表す。［以下，省略］

　　　　　　　　　　　　　　　　　　［原文は中国語。井上訳］

(『みんなの日本語 初級Ⅱ 翻訳・文法解説中国語版』p.26)

しかし，この説明は中国語の感覚と多少異なる。井上優（他）(2002)で述べられているように，中国語では継続動詞のみが継続形を持ち，「割れる」のような瞬間的な変化を表す動詞は継続形が成立しない。「割れた状態の窓がある」という状況においても，「実現済み」を表す「〜了(le)」を用いて「破了(pole)」と言うしかない。「割れた状態の窓がある」という状況は，日本語では「割れた結果が存続している」というイメージだが，中国語では「割れるという変化が実現済み」というイメージなのである。

日本語と中国語のこのような感覚のずれは，黄麗華（他）(2005)であげられている次の(47)の例では明確に現れる。

 (47) ［ズボンを買おうとしたところ，ファスナーに不具合があることに気づいた。そのことを店員に伝えようとして］
   すみません。このズボン，ファスナーが壊れています。

日本語の感覚では，変化の過程に言及する「壊れた」と，変化の結果状態に言及する「壊れている」はまったく別の表現である。上の(47)のように，壊れる前の状態を話し手が知らない場合は，「壊れている」を用いなければならない。

一方，中国語では，壊れる前の状態を話し手が知っているか否かに関係なく，「了」を用いて「坏了(huaile)」と言う。(47)の状況は，中国語の感覚では「変化が実現済み」という状況であり，そのため，中国語話者は(47)の状況で「壊れました」と言うことがある。

このような誤用を避けるためには，「割れている」「壊れている」のような結果残存の「〜ている」は，(48)のように，中国語の感覚に合わせて，「実現済み」と説明したほうがよい。

 (48) 〜ています［実現済み］
   「動詞て形 います」は，動詞が表す変化が実現済みであることを表す。この表現は，第〜課に出てきた持続を表す「動詞て形 います」とは別の表現である。

また，「〜た」と「〜ている」の使い分けは，中国語話者にとって重要な学習ポイントであるから，実現済みの「〜ている」の導入の際には，(49)のような説明を加えたほうがよい。

 (49) 「窓が割れました」は，窓が割れるという変化が発生したことを表し，窓が割れる前のことを知っている場合に用

いる。「窓が割れています」は，窓が割れた後であることを表す。窓が割れた後しか知らない場合は，「割れました」とは言えず，「割れています」と言わなければならない。

　このように説明しておくと，次の(50)のような過去完了の「ていた」も説明できる。

　　(50)　[あなたがファスナーを壊したのかと店員に疑われて]
　　　　　いいえ。私が見たときには（すでに）壊れていました。

この場合，話し手はファスナーが壊れる前のことは知らないので，「壊れた」とは言えない。また，壊れた後であるのを見たのは過去のことなので，「壊れていた」と過去形になる。

　以上述べた「～ている」の説明は，通常の「～ている」の説明とは異なる。教師にとっては，自分になじみのある文法説明で教えるほうが楽であるし，日本語の語感を学習者に理解させる工夫のほうが考えやすい。しかし，学習者のための文法を考える場合は，学習者にとってのわかりやすさを第一に考え，説明のしかたを学習者の母語の感覚に合わせることを考えるべきである。

7. 導入順序を学習者の母語の感覚に合わせる

　2.から6.まででは，「何を」教えるか，「どう」説明するかについて述べてきたが，教育においては，それらを「いつ」導入するかも重要である。この7.では，導入順序を学習者の母語の感覚に合わせることについて述べる。

　『みんなの日本語』では，「あげる」「もらう」は第7課で(51)のような形で導入され，「くれる」は，ずっと後の第24課で，(52)のような形で導入される。

　　(51)　3.　名詞(人)にあげます，等
　　　　　「あげます」「かします」「おしえます」等の動詞は，与える，貸す，教える対象を持ち，その対象は助詞「に」で表される。
　　　　　　⑤山田さんは木村さんに花をあげました。
　　　　　　　山田送花给木村。[以下，省略]
　　　　4.　名詞(人)にもらいます，等
　　　　　「もらいます」「かります」「ならいます」等の動詞は，動作を受ける人物の視点から述べるものである。"得到"

（手に入れる)・"借"（借りる)・"学习"（学ぶ)の対象は「に」で表される。

  ⑨木村(きむら)さんは山田(やまだ)さんに花(はな)をもらいました。
   木村收到了山田送的花。［以下，省略］

         ［原文は中国語。井上訳］
(『みんなの日本語 初級Ⅰ 翻訳・文法解説中国語版』pp.52-53)

(52) 1．くれます

  第7課で「あげます」が「给」（与える）の意味であることを学んだが，この動詞は話し手や話し手の身内などが受け手の場合には使えない。（×さとうさんは わたしに クリスマスカードを あげました）このときは「くれます」を用いなければならない。

  ①わたしは 佐藤(さとう)さんに 花(はな)を あげました。
   我送给佐藤花。
  ②佐藤(さとう)さんは わたしに クリスマスカードを くれました。
   佐藤给了我圣诞卡。［以下，省略］

         ［原文は中国語。井上訳］
(『みんなの日本語 初級Ⅰ 翻訳・文法解説中国語版』p.154)

このような導入順序の背景には，日本語以外の多くの言語では「あげる」と「くれる」を区別せず，「与える」にあたる動詞を用いるので，「あげる」「もらう」に比べて「くれる」は習得困難であるという判断があると見られる。

しかし，この判断は必ずしも正しくない。たとえば，中国語の場合，与え手を主語とする「给(gei)」（与える）を用いて，ものの授受を述べるのが普通である。受け手を主語とする「得到(dedao)」（手に入れる），「收到(shoudao)」（受け取る）という動詞もあるが，これらは「もらう」よりも能動的な意味が強く，使用頻度も「给」や日本語の「もらう」に比べて低い。次の(53)から(55)でも，日本語では，主節と従属節の主語をそろえるために受け手主語の「もらう」を用いるが，中国語では，与え手主語の「给」が用いられる。

(53) ?母が私に1000円お小遣いをくれて，私はとてもうれしかった。

(54) 私は，母から1000円お小遣いをもらって，とてもうれしかった。

(55) 妈妈 给了 我 一千块钱 的 零花钱, 我 特别 高兴。
　　　　母　与えた　私　1000円　　の　小遣い　私　とても　うれしい

「あげる」と「もらう」を先に導入すると，「くれる」が導入されるまでの間，「私は山田さんに花をもらった」のような受け手主語の文を使い続けなければならない。しかし，これは中国語話者にとっては不自然なことである。中国語話者の場合，まずは与え手主語である「あげる」「くれる」を学んだほうが，実際に文をつくる場合には違和感がない。「あげる」「くれる」の区別も，次の(56)のように，「行く」「来る」の区別と重ね合わせて説明すればよい。

(56) ものが自分のところから「行く」→「あげる」
　　　ものが自分のところに「来る」→「くれる」

中国語話者には，むしろ「もらう」を導入する際に，「主節と従属節の主語をそろえる」など，受け手を主語にする動機を説明する必要がある。

「あげる」と「もらう」を対にして教える背景には，「貸す－借りる」「教える－習う」のような同種の対をあわせて導入するということもある。しかし，中国語には「借りる」にあたる動詞「借(jie)」はあるが，「習う」にあたる動詞はない。「学习(xuexi)」は「勉強する」「学ぶ」であって，「習う」のような受動的な意味は表さない。中国語では受け手を主語にする動詞が少ないのであり，その意味でも，「あげる」と「もらう」と同種の対を早期に導入することにはあまり意味はないといえる。

8. 学習目的あっての母語別日本語教育文法

4.から7.では，少ない労力で大きな成果が得られ，学習者にわかりやすい文法を考えるためには，学習者の母語を基準にして日本語文法を考える必要があることを述べた。

しかし，学習者の母語を基準にして日本語文法を考えれば，学習者の母語を考慮した日本語教育文法ができるというわけではない。日本語教育文法そのものが，「学習目的」あってのものだからである。

この本の「コミュニケーションのための日本語教育文法の設計図」（野田尚史）で述べられているように，従来の文法は，「聞く・話す・

読む・書く」という実際のコミュニケーション活動の違いを考えない「無目的な文法」であった。また、母語別の日本語教育文法も、「言語の対照研究の成果を日本語教育に生かす」という観点から考えられてきた。結果的に、そこで考えられたのは、無目的な文法に学習者の母語別の注意事項をつけたしたものでしかなかった。

本当の意味での「母語別の日本語教育文法」は、学習者の学習目的を考慮したものでなければならない。当然、学習者の母語を考慮するということも、単に学習者の母語を基準にして日本語文法を考えるだけでなく、「学習目的の実現のために学習者の母語をどう考慮するか」という観点から考えることになる。

ここでは、「意見文を書く」場合について考えてみよう。次の(57)の文章は、『日本語学習者による日本語作文と、その母語訳との対訳データベース ver.2(2001)』に収録された、学習歴2年の中国語話者の作文である。1行目は意見文のタイトルである。筆者が付した下線部分に注目されたい。

(57)　<u>たばこを吸うのは権利ですか</u>

　　今、たばこのことが問題になっています。大体規則を作って制限するとこれは権利だという話しを強調するに分けています。私は前の方が賛成しますが、つぎのように自分の見方を述べます。

　　まず、権利というものはかってなことではないと思います。権利は人間の合理的な要求を合致するために出てきたものですが、ただ自分自身の権利を求めて、他人に考えていない方は完全にそれを曲解します。たとえば、殺人犯は「私は生きる権利があるよ。」と唱えたら、<u>法律は彼に自由を与えますか</u>。それはもちろん「×。」ですから、たばこを吸うために権利を口実にするのは<u>私利をはかることではないですか</u>。[以下、省略]

(中国、学習歴2年)

(『日本語学習者による日本語作文と、その母語訳との対訳データベース ver.2(2001)』、ID番号CN015)

下線部分の疑問文は、ていねい体を用いた意見文にはそぐわないところがある。まず、本文がていねい体でも、タイトルは普通体を用いる。

(58)　たばこを吸うのは権利か

また、ていねい体による意見文で問題提起をおこなう場合は、次の(59)のように、「～でしょうか」を用いる必要がある。

(59) 〔(57)より抜粋〕
たとえば、殺人犯は「私は生きる権利があるよ。」と唱えたら、法律は彼に自由を与えるでしょうか。それはもちろん「×。」ですから、たばこを吸うために権利を口実にするのは私利をはかることではないでしょうか。

意見文は、読み手に一方的に話し手の考えを述べるという点で、ていねい体を用いても、独話的な性質を持つ。一方、「～ですか」は相手に質問して回答を求める疑問文であり、対話で用いられるものである。意見文に「～ですか」がそぐわないのも、独話モードに対話モードを割り込ませることになり、特定の人物にあてた私信のようになるからである。ていねい体を用いた意見文で問題提起をおこなう場合は、「～でしょうか」を用いる必要がある。そうでなければ、次の(60)のように、意見文全体を普通体で書く必要がある。この場合、「～だろうか」を用いるとよりやわらかい問題提起になる。

(60) 〔(57)より抜粋〕
権利は人間の合理的な要求を合致するために出てきたものだが、ただ自分自身の権利を求めて、他人に考えていない方は完全にそれを曲解する。たとえば、殺人犯は「私は生きる権利があるよ。」と唱えたら、法律は彼に自由を与えるか（与えるだろうか）。それはもちろん「×。」であるから、たばこを吸うために権利を口実にするのは私利をはかることではないか（はかることではないだろうか）。

中国語話者は、このような疑問文の使い分けがなかなか理解できない。中国語では、普通体とていねい体の区別がなく、意見文の中で問題提起をおこなう場合も、相手に質問して回答を求める質問文と同じ形の文が用いられるからである。次の(61)は、毛沢東の「人的正确思想是从哪里来的？」（人の正しい思想はどこからくるものか）という文章の冒頭の一節であるが、やはり質問文と同じ形の疑問文で問題提起がおこなわれている。

(61) 人的正确思想是从哪里来的？是从天上掉下来的吗？不是。是自己头脑里固有的吗？不是。人的正确思想，只能从社会实践中来，只能从社会的生产斗争、阶级斗争和科学实验这

三項実践中来。
(人の正しい思想はどこから来るのか。天から降ってくるのか。そうではない。自分の頭の中にもともとあるのか。そうではない。人の正しい思想は、社会的実践の中からのみ来るのであり、社会の生産闘争、階級闘争そして科学実験という3つの実践の中からのみ来る。)

[井上訳]

(中国語文は『毛沢東文集』第8巻 p.320)

　相手に質問するという形で問題提起をおこなうスタイルは、中国語話者にとってなじみ深いものである。先の(57)の作文を書いた学習者も、これと同じスタイルで文章を書いたものと見られる。問題提起のしかたは、意見文の基本要素の1つであるから、中国語話者が日本語で意見文を書く上で、次の(62)(63)は重要な情報である。

(62)　意見文のタイトルで疑問文を用いる場合は、「普通体＋か」の形を用いる。

(63)　ていねい体を用いた意見文では、問題提起の疑問文は「〜でしょうか」を用いる。

9. まとめ

この論文では、次のことを述べた。

(64)　学習者の母語を問わない一律の文法は、学習者のための文法ではない。少ない労力で大きな成果が得られ、学習者にわかりやすい日本語教育文法を考えるためには、学習者の母語を基準にして日本語の文法を考える必要がある。

(65)　母語別の日本語教育文法は、「言語の対照研究の成果を日本語教育に生かす」という観点からではなく、「学習目的の実現のために学習者の母語をどう考慮するか」という観点から考えるべきである。

　学習者の母語を考慮した日本語教育文法を考えるのに有利な立場にあるのは、学習者と母語を同じくするノンネイティブの日本語教師のはずである。しかし、彼らの多くは、大学の日本語学科等で総合的な日本語力を重視する教育を受けた「エリート日本語学習者」であり、学習者の母語を考慮した、学習目的の実現のための日本語教育文法を考えるよりも、既存の無目的な文法により多くの日本語

学の知見を盛り込むほうに関心があるように見える。これでは，学習者の負担が増えることはあっても，減ることはない。

　学習者の立場に立った文法を考えることは，日本語のネイティブの教師にとっても，ノンネイティブの教師にとっても難しい。それを自覚することが，真の意味での「学習者のための母語別日本語教育文法」を考える出発点になる。

調査資料

『日本語学習者による日本語作文と，その母語訳との対訳データベース ver.2 (2001)』，国立国語研究所，2001．

『日本語文型辞典 中国語訳（簡体字版）』，グループ・ジャマシイ（編著），徐一平・陶振孝・巴璽維・陳娟・滕軍（翻訳），くろしお出版，2001．

『みんなの日本語 初級Ⅰ 翻訳・文法解説韓国語版』，スリーエーネットワーク（編），スリーエーネットワーク，1998．

『みんなの日本語 初級Ⅰ 翻訳・文法解説中国語版』，スリーエーネットワーク（編），スリーエーネットワーク，1998．

『みんなの日本語 初級Ⅱ 翻訳・文法解説中国語版』，スリーエーネットワーク（編），スリーエーネットワーク，1999．

『会話・作文・読解のための日本語文法プラス』，パク・ユジャ（監修），韓国：ジェイプラス，2001．

『高等学校日本語Ⅰ』，イ・スクジャ，キム・ソンヨン，アン・ビョンジュン，イ・テヨン，チェ・インフン，箕輪吉次（編），韓国：民衆書林，2002．

『毛沢東文集』，第8巻，中国：人民出版社，1999．

引用文献

井上優・生越直樹・木村英樹(2002)「テンス・アスペクトの比較対照－日本語・朝鮮語・中国語－」，生越直樹（編）『シリーズ言語科学4：対照言語学』pp.125-159，東京大学出版会．

太田亨(2002)「対照研究と日本語教育のより良い関係を目指して－日本語・ポルトガル語－」，国立国語研究所（編）『日本語と外国語との対照研究Ⅹ 対照研究と日本語教育』pp.49-63，くろしお出版．

黄麗華・井上優(2005)「対照研究と日本語教育」，松岡弘・五味政信（編）『開かれた日本語教育の扉』pp.122-136，スリーエーネットワーク．

第2部

コミュニケーションのための日本語教育文法の実際

コミュニケーション能力を高める日本語教育文法

フォード丹羽順子

1. この論文の内容

　これまでの日本語教育文法は，日本語学の研究成果をそのまま教育現場に応用したものであった。文法そのものは中立的なものであり，学習者がそれを使って実際にコミュニケーションをとろうとしても，誤解や挫折，不自然な文の使用が生じた。コミュニケーションを遂行する際の，聞く・話す・読む・書くという異なる言語活動に必要とされる文法は，異なるのが当然である。それにもかかわらず，この中立的な文法を網羅的に教えることが，将来の総合的な日本語能力の基礎作りであり，これを欠いては，いわゆる「きちんとした」日本語の運用力は習得されないという危惧の念に支配されてきた。

　しかし，この日本語学の研究成果から出発した文法は，学習者の視点で作られたものではない。教育現場では一人一人の学習者に目が向けられることはあっても，それが日本語教育文法に反映されることはなく，日本語運用力の習得は，個人の言語学習のセンスや努力などに依存したものであった。

　本来の日本語教育文法は，日本語を学ぶ学習者の視点で作られるべきものであり，中立的な1つの文法ではなく，それぞれの言語活動に必要とされるそれぞれの文法である。これらの文法は当然重なる部分もあるが異なるものであり，形式や体系を重視した文法ではない。この論文では，それらがどうあるべきかを考える。

　まず，これまでの日本語教育文法について，初級教科書のシラバスを観察し，次の2点を指摘する。(1)については次の2.で，(2)については3.で，それぞれ取り上げる。

(1) これまでの日本語教育文法は，文構造を重視した形式主義の文法であり，「まず文法項目ありき」であった。そして，すべての文法項目を「使用」させることが目指されてきた。
(2) 聞く・話す・読む・書くという4技能を支える中立的な1つの文法――裏返せば「無目的な文法」――が提示され，練習のしかたで4技能を養成できるという考え方であった。

次に，これまでの教科書の文法項目の提示のされかたに目を向け，一方で，日本語の使用実態に留意する。そして，次の(3)と(4)の観点から，コミュニケーションのための日本語教育文法を考える。(3)については4.と5.で，(4)については6.と7.でそれぞれ取り上げる。

(3) 教える単位を考える。
(4) 使用と理解を分ける。

2. これまでの「まず文法項目ありき」の日本語教育文法

この2.と次の3.では、これまでの日本語教育文法の考え方について述べ，それに基づいて作成された教科書の弊害について述べる。

初級教科書の文法項目は，提出順は教科書によって多少の違いが見られるものの，取り上げる項目に大きな違いは見られない。代表的な教科書である『みんなの日本語 初級Ⅰ』を例にとると，次の(5)に示すような順序で提出されている。

(5) ・名詞述語文「～は～です／じゃありません」
・動詞のていねい形，動詞述語文
・形容詞のていねい形，形容詞述語文
・理由の「～から～」「～から。」
・テ形,「～てください」，継続の「～ています」
・「～てもいいです」「～てはいけません」,
・ナイ形,「～ないでください」「～なければなりません」
・辞書形,「[辞書形]ことができます」「[辞書形]まえに」
・タ形,「～たことがあります」「～たり～たりします」
　[以下，省略]

ここからわかることは，日本語の基本的な文構造（名詞述語文・動詞述語文・形容詞述語文）を提示し，そして活用形を導入し，そ

の活用形を使った文法項目を次々に導入していく，いわば，活用形が文法項目の提出順を決める方針になっているということである。
　その具体例を，次の（6）から（8）に分けて，見ていく。
　　（6）　活用形の形式偏重で，文法項目を選ぶ。
　　（7）　文構造重視で，表現の不自然さには目をつぶる。
　　（8）　接続形式偏重で，文法項目を選ぶ。
　（6）の「活用形の形式偏重」とは，たとえば，テ形を導入したから「〜てください」を導入し，ナイ形を導入したから「〜ないでください」を導入して，使用練習をさせるということである。学習者が「〜てください」や「〜ないでください」を使用するニーズがあるからではない。
　これら聞き手に働きかける表現は，形は簡単だが使い方が難しい項目である。聞き手に何かを勧める「たくさん食べてください」などに限れば使用する機会もあろう。しかし，次の（9）（10）のように，教科書に多く出てくる指示の機能を持った「〜てください」，禁止の機能を持った「〜ないでください」は，学習者がこれらの表現を学ぶ段階において，理解する必要はあっても，使用する必要や機会はほとんどない。その点を考慮せずに使用練習をさせるところに大きな問題がある。
　　（9）　日本語で書いてください。（Please write in Japanese.）
　　　　　（*A Dictionary of Basic Japanese Grammar*：p.209）
　　（10）　英語を使わないでください。（Please don't use English.）
　　　　　（*A Dictionary of Basic Japanese Grammar*：p.209）
　（9）（10）については（11）の解説があるが、この polite request という説明は多くの教科書でなされているものである。また，（9）と（10）の英語訳にある please をつける言い方は確かにていねいな表現であり，学習者が「〜てください」や「〜ないでください」をていねいな表現だと思っても，無理はない。
　　（11）　〜kudasai　〜ください
　　　　　an auxiliary verb which indicates a polite request
　　　　　（*A Dictionary of Basic Japanese Grammar*：p.209）
　　　　　Kudasai is the polite imperative form of *kudasaru*, the honorific version of *kureru*　［以下，省略］
　　　　　（*A Dictionary of Basic Japanese Grammar*：p.210）

筆者の経験では，学生は「〜ないでください」を学習してしばらくは，黒板を消し始めると「消さないでください」を連発していたが，初級後半には，「あぁ〜」という声を遠慮がちにあげるようになった。この事例は，教師が日本語の使用実態にもっと注意を払うべきことを教えてくれる。
　（7）の「文構造重視」とは，次の(12) (14) (19)のように，文構造を明示的に提示しようとすることである。
　(12)は，「〜は〜です」という名詞述語文を明示的に示すことを優先して，表現の不自然さに目をつぶっている例である。通常の会話では，(13)のようなやりとりをしている。

(12)　メアリー　：すみません。これは　いくらですか。
　　　みせのひと：それは　さんぜんえんです。
　　　　　　　　　　　　　　（『初級日本語 げんきⅠ』p.30）
(13)　A：すいません。これ，いくらですか。
　　　B：3000円です。

次の(14)も同様に，通常の会話では「わたしは」は言わない。自己紹介で「私は[名前]です」を言うとしたら，(15)のようにかなり長い名詞修飾節を冠した場合だけではないだろうか。

(14)　わたしは マイク・ミラーです。
　　　　　　　　　　（『みんなの日本語 初級Ⅰ 本冊』p.6）
(15)　私は，あー，去年までは東洋貿易という会社に勤めていましたが，今は自宅を事務所にして個人輸入の代行業をしています野村光一です。

教科書でも，会話の中では(16)のように「わたしは」なしで提示されているが，『教え方の手引き』(p.38)で推奨する指導方法のように，「わたしは田中です」で導入して，学習者に「わたしはS1です」と繰り返し練習させた後では，(17) (18)のような「私は」を入れる誤りをすることは，避けられない。

(16)　[省略]
　　　ミラー：初めまして。マイク・ミラーです。アメリカから　来ました。どうぞよろしく。
　　　佐　藤：佐藤けい子です。どうぞよろしく。
　　　　　　　　　　（『みんなの日本語 初級Ⅰ 本冊』p.7）
(17)　[会話テストの録音で]

　　　　　教　師：じゃ，会話テストを始めます。最初に名前を
　　　　　　　　　言ってください。
　　　　　学　生：私は［名前］です。　　　　　（中国語話者・中級）
　（18）　［研究室前のボードに残されたメッセージ］
　　　　　丹羽先生，私は［名前］です。日本語の履修のことなん
　　　　　で，先生と相談したいですが，　　　　（中国語話者・中級）
　次の(19)について言えば，このような会話が実際に行われるのは，
日本語の授業だけであろう。
　（19）　すずき：ありさかさんですか。
　　　　　アリス：はい，そうです。
　　　　　すずき：ありさかさんは にほんじんですか。
　　　　　アリス：いいえ，そうじゃありません。アメリカじんで
　　　　　　　　　す。
　　　　　　（*Nakama 1:Japanese Communication, Culture, Context*: p.39）
　「いいえ，そうじゃありません。」はイントネーションにもよるが，
一般的に強い否定や不満表明と受け取られる。「じゃありません」
自体が，この本の「新しい日本語教育文法の設計図」（野田尚史）が
述べているように，特に西日本ではきつく聞こえることがある。
　「じゃありません」は，現実の話しことばを反映していると信じ
られ，その点でより適切であるとして多くの教科書で用いられて
いるのだろう。しかし，自然談話データ（『女性のことば・職場編』『男
性のことば・職場編』）で「です」の否定形の使用実態を調べた結果，
全20例中，「じゃありません」は1例もなく，「じゃないです」が
16例，「ではないです」が3例，「ではありません」（大学の講義の
中）が1例であった。つまり，安全性の観点から問題であるばかり
か，実際は「じゃないです」の方を使うという使用実態も反映して
いないと言うことができる。
　（8）の「接続形式偏重」とは次のような例である。理由を述べる
「から」は接続助詞の中でも早い段階で導入されることが多いが，
それは前接形式がていねい形であると信じられているという形式的
な理由による。しかし，表1が示すように使用実態を見ると，「から」
の前には普通形が来る場合の方が圧倒的に多く，ていねい形・普通
形を選ばない「ので」をむしろ先に導入した方が安全であることが
わかる。

表1　自然談話データにおける「から」と「ので」の使い分け

ていねい形「から」	42例(17%)	普通形「から」	205例(83%)
ていねい形「ので」	48例(41%)	普通形「ので」	68例(59%)

(谷部弘子(1999：p.146)，表は筆者が作成し直したもの)

「から」で理由を述べると，当然の理由だというニュアンスを伴うことがある。また，学習者は同じような意味用法を持った文法項目が複数ある場合，最初に学習した方を使用する傾向があるため，配慮する必要がある。

以上，これまでのシラバスが，「まず文法項目ありき」という形式優先である点，使用と理解を区別していない点，そして日本語の使用実態を考慮していない点で問題があることを見てきた。

3. これまでの無目的な日本語教育文法

これまでの日本語教育では，4技能の養成ということを考えてはいても，それぞれの文法を考えるのではなく，1つの「無目的な文法」を教えて，練習のしかたで4技能の養成ができると考えていた。極端に言えば，文法練習を文字を見ないで口頭で行えば，聞く・話す技能の養成に，同じ練習を文字を読んで答えを書かせれば，読む・書く技能の養成につながると期待していた。

コミュニカティブアプローチが導入されて以降は，話しことばに重点が置かれ，会話のための解説も付加されるようになった。しかし，会話のための解説は，話すための文法ではなく，場当たり的で，学習者も，話すための文法，書くための文法が別々にあるとは考えていない。ましてや，聞くための文法や読むための文法があるとは想像すらしていないだろう。

代表的な教科書として*Situational Functional Japanese*を取り上げる。この教科書は文法と会話という2本柱で構成されており，その解説がGrammar NotesとConversation Notesである。これを，この論文での用語に合わせて言い換えれば，「無目的な文法」の解説と，話すための補足説明となるだろう。

第4課の存在文を例に，解説を見てみよう。Grammar Notesには，存在文の構文説明とともに，次の(20)が用例として挙げてある。

　　(20)　　A：このへんに電話がありますか。

　　　　B：ええ，あります。
　　　　　　いいえ，（このへんには）ありません。　　(p.83)
　一方，Conversation Notesには，無助詞については何の言及もされずに，次の用例(21)が挙げてある。
　(21)　Sharma：このへんに，電話ありますか。↗　(p.93)
　しかし，同じ箇所で，「どこ」を使って質問する場合は，「は」は省略可という説明とともに，次の(22)が提示されている。
　(22)　Brown：あの，せんたく機はどこでしょうか。↘ (p.93)
　次に，練習問題を見てみよう。*Situational Functional Japanese*には，言語活動の観点から言えば，無目的なStructure Drillsと，話すためのConversation Drills，そして，練習のしかたで4技能の養成をねらったTasks and Activitiesがある。
　Structure Drillsには，次の(23)のような，話す練習がある。
　(23)　Practice the dialogue with your partner, using real-life information.
　　　　Q：教室の中に電話がありますか。
　　　　A：｛ええ，あります。
　　　　　　いいえ，ありません。　　　　　　　　　(p.78)
Conversation Drillsには次の(24)のような練習がある。
　(24)　Asking the whereabouts of something
　　　　a. A is certain that what s/he is looking for is nearby.
　　　　　　A：せんたく機は　｛どこですか。↗
　　　　　　　　　　　　　　　　どこでしょうか。↘
　　　　　　B：せんたく機ですか。↗
　　　　　　A：ええ。　　　　　　　　　　　　　　(p.82)
　　　　b. A is not certain that what s/he is looking for is nearby.
　　　　　　A：このへんに，電話　｛ありますか。↗
　　　　　　　　　　　　　　　　　　ありませんか。↗
　　　　　　B：電話ですか。↗
　　　　　　A：ええ。　　　　　　　　　　　　　　(p.82)
　これらの説明および練習問題だけでは，学習者は次のように考えるだろう。「このへんに～」と切り出す時は無助詞で話すことが多いようだが，それ以外の時は「が」か「は」をつける，と。

このような積み重ねの結果，助詞に気を配る学習者はどんな場合にも助詞をつけて話し，助詞に無関心な学習者は，書くときも含め必要な場合にも無助詞にする傾向が生じているようだ。

次に，Tasks and Activitiesから，聞くための練習，読むための練習，書くための練習を，順に見ていく。

まず，聞くための練習である。

(25)　Look at the picture. Listen to the tape and write down the numbers to show where you think each item should be in the picture.
　　ａ．山下さんの部屋　［イラスト省略］
　　　Ａ：田中さんの手紙，どこかな。
　　　Ｂ：ないの。
　　　Ａ：うん，机の上にあったんだけどなあ。
　　　Ｂ：ないの。
　　　Ａ：うん。
　　　Ｂ：カバンの中は。
　　　Ａ：あっ，あった。カバンの中にあったよ。
　　　　　(*Situational Functional Japanese* p.88 テープ内容)

『教師用指導書』(p.131)によれば，この練習の目的は，部屋の中での位置を聞き取ることである。すなわち，他の部分は聞き取れなくても，そこさえ聞き取れればよい，さらに言えば，他の部分は聞き流せる（わからない表現だらけでも動じない）ことが大切である。その点において，この練習は，既習項目だけで構成された不自然な聞く練習に比べ，より現実に近く，優れた練習だと言える。しかし，他人の会話の盗み聞きであるという点は否めず，学習者の聞く行動の現実をどれだけ反映したものかという点で問題が残る。詳しくは，この本の「聞くための日本語教育文法」(松崎寛)で議論されている。

また，自然さは発音面にも要求したい。「カバン<u>の</u>なか」が２回出てくるが，２回とも下線部は拍数も正確で明瞭に発音されている。会話が普通体でかなり速い速度で行われていることを考慮すると，「カバ<u>ンな</u>か」という発音にすべきである。縮約形などの音変化は，広い意味での，聞くための文法項目と考えられるからである。

上級の学習者でも日本人と話している際，(26)を発せられて理解

できないことがある。母語話者には(26)も(27)も大した差はないように思えるが，同じ学習者が(27)を言われたら理解できることを考えると，聞くための文法として取り上げるべき項目だと言える。

(26) 早く<u>やんない</u>と，まにあ<u>ー</u>ないよ。
(27) 早く<u>やらない</u>と，まに<u>あわ</u>ないよ。

なお、学習者が(26)のような発話をどのように聞いているかについては、フォード丹羽順子(1996)に挙げてある。

次に，(28)の読むための練習および(29)の書くための練習を見てみよう。

(28) Look at the following picture.　　　　　［地図省略］
　　a. Read the following message and determine where the person is.

> いま，XXアパートにいます。病院（びょういん）のとなりです。アパートの前（まえ）に駐車場（ちゅうしゃじょう）があります。　　川田（かわだ）

(*Situational Functional Japanese Volume 1:Drills*, p.90)

(29) 　a.Look at the pictures and describe the changes you can find between them.

　　　［イラスト省略（20年前の絵と今の絵が並べてある）］
　　example <u>20年前は犬（いぬ）がいました。今はいません。</u>

(*Situational Functional Japanese Volume 1:Drills*, p.91)

ところが(28)(29)では，これらの練習の後に，同じ練習を「話す練習」にしてペアワークで行うよう指示がある。ここからわかることは，読むための練習や書くための練習とあっても，実は無目的な文法を，読む・書くという練習方法で行っているだけであって，現実場面での読む・書く・聞く・話すという言語行動のニーズに基づくものではないということである。

コミュニカティブアプローチが導入されて以降，それ以前の日本語教育文法は，書きことばを学ばせるうえでは問題がなかったと考えられている節がある。しかし，最初に述べたように，これまでの日本語教育文法は「無目的な文法」であって，書くための文法としても，読むための文法としても，中途半端である。

初級後半，初中級，中級には読解教材と銘打った教科書が多く出版されているが，中には文法練習を読む形で行っているだけのもの

も少なくない。初級後半の「読む」練習を1例だけ(30)に示す。

(30) 次の文を読んで，あとの問題に答えなさい。
　　　留学生のペリーさんと，友達の田口さんが話をしています。ペリーさんは，きのうおなかが痛くて早退しました。
　　田口：ああ，ペリーさん。おなかの具合はどう？もうよくなった？
　　ペリー：ええ，ありがとう。もうなおしました。
　　田口：そう，よかったわね。でも，どうやってなおしたの？
　　ペリー：どうやって？うちへ帰ってすぐ寝たら，自然になおしたの。
　　田口：えっ！？じゃあ，__(ア)__んじゃなくて__(イ)__んでしょ。
　　問題　(ア)，(イ)に入ることばは「なおった」「なおした」のどちらですか。書きなさい。また，そのことばは自動詞ですか。他動詞ですか。辞書形は何だと思いますか。考えて書きなさい。
　　　　　　　　　　　（『楽しく読もうⅡ 文化初級日本語読解教材』p.47）

以上，*Situational Functional Japanese* を例に，これまでの教科書が，無目的な文法と会話とに分けて作成されていることを述べた。しかし，文法と会話とは対立するものではなく，聞く・話す・読む・書く，それぞれのための文法が必要とされているのである。

4.「ほうがいいです」の教える単位を考える

前の2.と3.ではこれまでの日本語教育文法の姿勢とその弊害について述べたが，4.から7.では，コミュニケーション能力を高める日本語教育文法がどうあるべきかを考える。

コミュニケーションのための日本語教育文法は，学習者が必要とする言語活動を出発点として作っていくものであるが，結果としてこれまでの日本語教育文法の文法項目も含まれることになる。この4.から7.では，これまでの初級文法項目のいくつかを材料として，聞く・話す・読む・書くための文法を考えるうえで，これらの項目をどういう形式で提示すべきかを考えていきたい。

まず，「～ほうがいいです」の使用について，次の(31)を見てみよう。これは，「～ほうがいいです」を学習し，後日，復習の授業で，

「話しかけるように」という条件で書いてもらったものである。
　(31)　この人にアドバイスをあげてください。
　　　　He wants to travel to your country.　［イラスト省略］
　　　　(*Situational Functional Japanese Volume 2:Drills*, p.77)
　　　　オーストラリアはおおきい国なんです。いろいろなきこうがあるので，行くへんのきこうをしらべたほうがいいです。それから，てきとうなふくとか持って行ったり，てきとうなよていを作くったりしたほうがいいです。ぼうしも持っていったほうがいいです。　　　　（英語話者・初級）

「～ほうがいいです。」の使用に不自然さが感じられる。主教材の『みんなの日本語 初級Ⅱ』には次の(32)のように，「～いいですよ。」と，終助詞をつけた言い方の練習もあったのだが，教師が特にその点に注意を促さなかったためか，クラス全員が(31)のような使用をしてしまったのである。
　(32)　例：きのうから せきが 出るんです。（病院へ 行きます）
　　　→　じゃ，病院へ 行った ほうが いいですよ。
　　　　　　　　　　　　　　　　　（『みんなの日本語 初級Ⅱ 本冊』p.55）
「～ほうがいいです」という形式は「無目的な文法」の象徴のようなものである。自然談話データ（『女性のことば・職場編』『男性のことば・職場編』）では，「～ほうがいいです。」は1例もなく，「～ほうがいいかな。」，「～ほうがいいんじゃない。」などモダリティ表現を伴って使われている。

また，表2は，1994年1月〜2004年12月の佐賀新聞で「～ほう(方)がいい(よい)」を検索した結果である。

表2：「～ほうがいい」の出現形式および出現数

たほうがいい。	2,187例	ないほうがいい。	385例
たほうがいい	2,944例	ないほうがいい	650例
たほうがいいです。	4例	ないほうがいいです。	1例
たほうがいいです	30例	ないほうがいいです	10例

表2から「～ほうがいいです。」という形式が少ないことがわかる。5例は小中学生のディベート授業などの報道と，作家・女優の講演録である。普通体が基調になっている新聞のデータではあるが，全

面指定で検索しているため,読者の投稿や掲示板,インタビュー記事,対談録,生活・文化面などでは,ていねい体で書かれている箇所も多い。

40例の「〜ほうがいいです」は,後ろに「ね」や「よ」を伴って使われている。また,「〜ほうがいい。」という言い切りより,後続を伴う形式が多いのは,「〜ほうがいいだろう」「〜ほうがいいのではないか」などのモダリティ表現を伴って使われていることと,引用の「〜ほうがいいと答えた。」などもあるためである。

教科書の中でも,*Total Japanese* は,Grammar Notes では学習項目「Verb +ほうがいい」という形で提示され,(33)のような構文が示されている。一方,Conversation Notes では学習項目 Asking for and Giving Advice として提示され,(34)のように「〜たほうがいいです」ではなく「〜たほうがいい」のあとに「ですね／よ」や「とおもいます（けど）」などをつけるよう記述がある。

(33) 　はやく 帰った ほうが いいです。
　　　It would be better to go home soon.

(*Total Japanese Grammar and Conversation Notes*: p.122)

(34) 　学生：ていねいな ことばを 使ったほうがいいですか。
　　　教師：ええ,スピーチですから,使ったほうがいいと 思います。

(*Total Japanese Grammar and Conversation Notes*: p.128)

学習者はまず,アドバイスを求める必要や機会が多いだろう。したがって,無目的な(33)を提示するのではなく,話すための文法では,「アドバイスを求める」として「〜ほうがいいですか」という形を提示するのがよい。そのあと,「アドバイスや意見を言う」として「〜ほうがいいと思います（けど）」,「〜ほうがいいかもしれませんね」,「〜ほうがいいんじゃないでしょうか」という単位での提示がほしい。

以上をまとめると,「〜ほうがいいです」の教える単位は,それぞれの言語活動ごとに,次のようにすることを提案する。

話すための文法では,上述のような形式で提示し,聞くための文法では,たとえば「〜ないほうがいいんじゃないでしょうか」と聞いて,意見の肯否がすぐに理解できるようにすることが必要である。書くための文法では,言い切りの「〜ほうがよい。」や,婉曲的に意

見を述べる「～ほうがいいだろう」などのモダリティ表現を伴った形式で提示すること，そして，読むための文法ではモダリティ部分の様々な形式について，各モダリティ表現の違いを理解するよりも，婉曲表現であると理解できるように指導することが大切である。

5. 比較疑問文の教える単位を考える

比較疑問文は多くの教科書において初級の中頃までに学習する項目で，次の(35)から(37)のように提示されている。

(35) 愛とお金とどちらのほうが大切ですか。
　　　(*Situational Functional Japanese Volume 2: Notes* p.41)
(36) ジュースとお茶とコーヒーのうちで，どれが一番飲みたいですか。
　　　(*Situational Functional Japanese Volume 2: Notes* p.43)
(37) 　A：飲み物は いかがですか。
　　　B：ありがとう ございます。
　　　A：コーヒーと 紅茶と どちらが いいですか。
　　　B：コーヒーを お願いします。
　　　　　　　　　　(みんなの日本語 初級Ⅰ 本冊 p.101)

しかし(37)のような場面で本当に「コーヒーと紅茶とどちらがいいですか」と言うだろうか。「コーヒーか/と紅茶しかないんですけど」と，選択肢が2つしかないことを言って勧めるのではなかろうか。疑問に思い，話しことばを録音調査してみた。その結果，「AとBと，どちらが～」や「AとBとCの中で，どれが～」という文は出なかった。接客場面では次の(38)(39)のようであった。

(38) ［ファーストフード店で］
　　　客　：カフェラテください。
　　　店員：アイスとホットがございますが。
(39) ［コーヒーショップで］
　　　客　：本日のコーヒーください。
　　　店員：サイズはどれがよろしいでしょうか。ショート，トール，グランテとございますが。

より複雑な選択を求める場面では，次の(40)のようであった。
(40) ［友人との電話で］
　　　A：何でも作ってあげるよ。

B：ほんとぉ？
A：うん。なすとにんにくのペーストもできるし，これがおいしいんやわ。
B：ん。すっごくおいしそう。
A：おいしいよ。それからね〜，なすとトマトのパスタもできるし（ん），ラタトゥイユもできるし（ん），グリルで焼いてもおいしいし（ん），それから，え〜っと。
B：わあ〜。
A：<u>何がいい？</u>

以上から言えることは，話しことば教育と称し「どちら」とともに「どっち」を提示して終わっている教科書が多いが，それよりも，もっと教える単位に目を向けるべきだということである。すなわち，話すための文法では，「AとBと，どちらが／を〜」という1文の単位ではなく，談話展開の中で提示する必要がある。前置きしたり，後に置く選択肢の文は単純な文で十分である。

一方，聞くための文法では，1）選択肢の前置き文にバリエーションをもたせて聞き取り内容を複雑にする，2）話しことばには倒置文も多いため，それに慣れさせる，3）談話展開を予測させるといった練習が必要となろう。

次に，書きことばではどう使用されているのかを見る。資料は，1994年1月〜2004年12月の佐賀新聞で，二項比較（選択）に絞り，「どちら」「どっち」で検索した。

話しことばではあまり聞かれない「AとBと，どちら〜」であったが，書きことばでは次の(41)のような例が見られる。

(41) 〔「日本は海も陸もごみの山」と題する読者からの投稿〕
地球上で人間とミミズとどちらが長生きするだろうか。
（『佐賀新聞』2002.1.25）

ただし，選択肢の提示のしかたは「AとBと〜」だけではない。多いのは次の(42)のような「AとB<u>の</u>どちら」であった。

(42) 「国民全体の利益」と「個人の利益」のどちらを大切にすべきかとの質問には，国民全体の利益を挙げた人が三七・五％と過去最低となった。（『佐賀新聞』1999.5.30）

「AとBと〜」の不自然さを克服して「AとBでは〜」と工夫した教科書もあるが，次の(43)のような選択肢の提示のしかたは，談

話の引用部分が多い新聞においても，非常に少なかった。
　　(43)　コーヒーとお茶では，どっちが好きですか。(*A Course In Modern Japanese[Revised Edition] Volume Two*: p.72)

話しことばと同様，次の(44)のように，選択肢が先行する文や従属節で示されるものも多かった。
　　(44)　本の読み方には精読とななめ読みとがある。そのどちらをとるかは、読書の目的や、その人の性格、立場によるのであって、いちがいに、どちらのほうが優れているかを断定することはできない。　　　（『佐賀新聞』1995.2.21)

以上をまとめると，書くときには(41)のような文を指導することにも意味があるが，(42)や(44)のような表現も指導する必要がある。

最後に，読むための文法では，聞く場合と同様に，選択肢をつかめるようにすることが肝要であり，(45)のような雑誌のタイトルも含め，「文構造」にとらわれない多様な表現を見せるのもよいだろう。
　　(45)　消費社会の主役？わき役？子どもたち
　　　　　　　　　　　　　　　　　　　（『たしかな目』2003年6月号 p.6)

6.「でしょう」の使用と理解を分ける

前の4.と5.では，教える単位（文法項目の提示形式）が，聞く・話す・読む・書くための文法によって異なることを述べてきた。6.と7.では，使用のための文法と理解のための文法とを分けるということに的を絞って述べる。

この6.では「～でしょう」を取り上げる。次の(46)を見てみよう。
　　(46)　教　　師：それ(筆者注：大学院入学試験)，筆記試験？
　　　　　留学生：うん。あの，あん，口頭試験もあります。
　　　　　教　　師：うん。
　　　　　留学生：あの～，まだ，あの，外国語の試験。日本語の試験<u>でしょう</u>(↓)。　　　(中国語話者・上級)

(46)は筆者と留学生との自然談話である。録音したテープを聞かせながら，どういう意味で「でしょう」を使ったかを尋ねたところ，推量の意味であり，「だろう」のていねい形だからていねいな表現だと思って目上に対しては常に使用している，ということであった。

また，次の(47)では，「～でしょう」が上昇調で発音されているが，発話意図を本人に確認すると，ていねいな推量の意味で使用し

たということであった。

(47) 教　師：○○さん，××さん遅いね。どうしたのかな。さっきまで同じ授業だったんじゃない？
　　　　○　○：××さんはもうすぐ来るでしょう（↑）。

(朝鮮語話者，上級)

「～でしょう」は，上昇調では次の(48)のように確認要求の用法になるが，そのつもりはなかったということである。

(48) A：電話してから行ったんでしょう（↑）。
　　　　B：うん。

(46)(47)の学習者とも，「～でしょう」をていねいな推量の表現と理解して使っているが，推量の用法も，(47)のイントネーションが伝える確認要求の用法も，目上に対して使うのは危険であり，聞き手の感情を害する，いわばカチンとくる表現である。しかし，多くの初級教科書には，次の(49)のような使用練習がある。

(49) A：もうすぐ　入学試験ですね。
　　　　B：ええ。タワポンさんは　合格するでしょうか。
　　　　A：よく　勉強して　いましたから，
　　　　　　きっと　合格するでしょう。

(『みんなの日本語 初級Ⅱ 本冊』p.57)

このやりとりで，Bさんの「合格するでしょうか。」は使用練習をさせる必要があるが，Aさんの「きっと合格するでしょう。」は，「合格すると思います」のほうが自然であり安全であろう。

また，推量の「～でしょう」の文法説明には必ずと言ってよいほど，気象予報士が使うとして，次の(50)のような用例が挙げてある。

(50) あしたは　雪が　降るでしょう。

(『みんなの日本語 初級Ⅱ 本冊』p.52)

日本語を使って天気予報を行う学習者はあまりいないだろうが，次の(51)のような使用練習をさせる教科書も少なくない。

(51) Here is tomorrow's weather forecast（天気予報）. Play the role of a meteorologist and tell the weather forecasts for each city.
　　　　Examples: Tokyo/snow
　　　　→　東京はあした雪でしょう。
　　　　→　東京の気温は，二度ぐらいでしょう。

(『初級日本語 げんき I』p.243)

　こうして見てくると,「〜でしょう」は初級段階において,いずれの用法とも使用練習をさせる必要がない項目であると言える。
　一方,理解面では,読む場合に,ていねい体基調で書かれた文章の中で,次の(52)のように,「〜でしょう」を目にする機会もあるため,初級段階で教える必要がある。

　　(52)　そうすれば,環境問題は一気に解決に向かい,南北格差もぐんと少なくなるでしょう。

(『生命観を問いなおす』p.57)

　聞くための文法では,「〜でしょう」のイントネーションに注意させる必要がある。上昇調なら確認要求,下降調なら推量の意味だからである。ただし,天気予報に限れば「〜でしょう」の部分は理解できなくても困らない。天気予報で使われる推量の表現という注があれば十分である。
　以上をまとめると,「〜でしょう」は,学習者が上下・親疎関係や場に応じて,ていねい体・普通体を使い分けることができる段階に達するまでは,使用のための文法項目としては「〜でしょうか」だけを導入し,理解のため項目としては「〜でしょうか」に加えて,「〜でしょう」をイントネーションとともに提示するのがよいと言える。

7.「ましょう」の使用と理解を分ける

　この7.では,「〜ましょう」を例に,多くの学習者にとっては,語彙表現として理解できればよいだけの項目であることを述べる。
　「〜ましょう」は形は簡単であるが,使い方はたいへん難しい項目である。しかし,早い段階で導入される項目であり,ほとんどの教科書が提案や勧誘という文法説明とともにLet's〜という訳をつけているだけである。同時に「〜ませんか」を導入している教科書が多いため,「〜ませんか」(あるいは「〜ましょうか」)で誘うほうがていねいだという注がついている。そして,誘いを受ける際に「ええ,〜ましょう」と答えるという記述や用例での提示があり,次の(53)のような使用練習をさせている。

　　(53)　帰（かえ）ります　→　A：いっしょに帰りませんか。
　　　　　　　　　　　　　　　B：ええ,帰りましょう。
　　　1. お茶（ちゃ）を飲（の）みます　　　　　　　［イラスト省略］

2. 昼ごはんを食べます
　　［以下，省略］
(*Situational Functional Japanese Volume 1:Drills*, p.55)

　しかし，現実場面では「ええ」か「あ，いいですね」と賛同するのが自然であって，「〜ましょう」まで言うことはあまりないだろう。
　また，重要な点は，「〜ましょう」は答える場合であっても，目下から目上に対して非常に使いにくい表現であるということである。すなわち，目下の者が使うと，聞き手の感情を害する表現である。ところが，そのことに言及している教科書は，管見の限り *Yookoso!: An Invitation to Contemporary Japanese* (p.193)だけである。
　使用の点から見ると，「〜ましょう」は，幼稚園や小学校の教師が園児や生徒に対して，医療関係者が患者に対して，司会者が参加者や視聴者に対して言う場面が多い。初級の学習者がこれらの役割を担うことはない。したがって，使用項目としては「〜ましょう」ではなく「〜ましょうか」という形で，申し出の機能として導入する段階まで待つべきである。それまでは使用できるようにする必要はまったくないし，体系を考慮して形を提示する必要もない。
　次に，読む場合を考えると，(54)(55)のような場面がある。現在の教科書では，(54)のように「ましょう」が使われているが，問題の指示文である。

　　(54)　友達(ともだち)について書(か)きましょう。
　　　　　　　　　　　（『みんなの日本語 初級Ⅰ 書いて覚える文型練習帳』p.3)

　公共の場では，(55)のような「〜ましょう」を目にする。漢字系の学習者にとっては，漢字が多いほど読みやすいことを考慮すると，初級の早い段階でも「〜ましょう」を理解のための「語句」として単語リストに加える意味はあろう。

　　(55)　安全のため座席移動はバスが止まってからにしましょう。
　　　　　　　　　　　　　　　　　　　　（西鉄バス内の表示）

　日本語で講義を受ける段階になれば，次の(56)のような「ましょう」を読むようになるが，その段階で「〜ましょう」という文法項目が読みの障害になるということはありえない。

　　(56)　それではそのときの決断について，後で誰かに読んでもらうつもりになって，「私の決断」という題で四〇〇字程度の作文を書いてみましょう。　（『知的複眼思考法』p.73)

これらの「〜ましょう」は婉曲的な命令の機能を持つものである。したがって，「〜てください」，「〜なさい」，「〜せよ」，「〜ること」などとともに中級以上の段階で機能別に整理し，一方，使用のための項目としては，初級後半に申し出の機能として，「〜ましょうか」という形式で明示的に提示するのがよい。なぜなら，現在の教科書では，「〜ましょう」を導入するついでに「〜ましょうか」に触れ，それだけで終わっているものも多く，「〜ましょうか」は学習者にとって使用困難な項目になっているからである。

以上，「ましょう」を例に，使用と理解を分ける必要があることを述べた。

8. まとめ

ここまで述べてきたことをまとめると，次のようになる。

これまでの日本語教育文法について，初級教科書のシラバスを取り上げ，次の(57)(58)の2点を指摘した。

(57) 形式重視の文法項目を網羅的に教えることに情熱を傾けるのではなく，学習者や日本語母語話者の使用実態からの知見を拾い上げて，コミュニケーションのための日本語教育文法を作る必要がある。

(58) 「無目的な文法」に会話の補足説明を付け加えるのではなく，聞く・話す・読む・書くという異なる言語活動に必要とされるそれぞれの文法を作る必要がある。

次に，コミュニケーション能力を高める日本語教育文法がどうあるべきかを，次の(59)と(60)の2つの観点に分けて考えた。

(59) 教える単位を考える:「ほうがいいです」，比較疑問文
(60) 使用と理解を分ける:「でしょう」「ましょう」

これまでの教える単位は，日本語学の研究により決められていた。コミュニケーションのための文法では，聞く・話す・読む・書くに必要な単位(形式)で提示する必要がある。(60)では，これまで，すべての文法項目を使用練習させていたことを批判し，使用項目と理解項目の提示形式を分けて考えることを提案した。

初級の最初から，聞く・話す・読む・書くという異なるコミュニケーション活動には異なる文法があるということを，学習者に明示することが大切である。話す活動1つをとっても，親しい者同士の

おしゃべりから，会議や発表の場での話まで多岐にわたる。それぞれに応じた適切な文法項目を提示して練習させる必要がある。理解面の文法は非常に難しいが，ここで述べてきたことに加えて，聞き損なったり読み損なったりした際に，どうやって修復するかといったことも文法項目として取り上げる必要があるだろう。コミュニケーションのための文法教材を作るための課題は山積している。

調査資料

『佐賀新聞』，佐賀新聞記事データベース（http://www.saga-s.co.jp/）.
『初級日本語 げんきⅠ』，坂野永理・大野裕・坂根庸子・品川恭子，The Japan Times, 1999.
『女性のことば・職場編』，現代日本語研究会（編），ひつじ書房，1999.
『生命観を問いなおす——エコロジーから脳死まで』，森岡正博，筑摩書房，1994.
『たしかな目』2003年6月号，国民生活センター．
『楽しく読もうⅡ 文化初級日本語読解教材』，文化外国語専門学校日本語課程（編），文化外国語専門学校（発行），凡人社（発売），1996.
『男性のことば・職場編』，現代日本語研究会（編），ひつじ書房，2002.
『知的複眼思考法』，苅谷剛彦，講談社，2002.
『みんなの日本語 初級Ⅰ 本冊』，スリーエーネットワーク（編），スリーエーネットワーク，1998.
『みんなの日本語 初級Ⅱ 本冊』，スリーエーネットワーク（編），スリーエーネットワーク，1998.
『みんなの日本語 初級Ⅰ 書いて覚える文型練習帳』，スリーエーネットワーク（編），スリーエーネットワーク，2000.
『みんなの日本語 初級Ⅰ 教え方の手引き』，スリーエーネットワーク（編），スリーエーネットワーク，2000.
A Course In Modern Japanese [Revised Edition] Volume Two, 名古屋大学日本語教育研究グループ（編），名古屋大学出版会，2002.
A Dictionary of Basic Japanese Grammar, Seiichi Makino, Michio Tsutsui, The Japan Times, 1986.
Nakama 1: Japanese Communication, Culture, Context, Seiichi Makino, Yukiko Abe Hatasa, Kazumi Hatasa, Houghton Mifflin Company, 1998.
Situational Functional Japanese Volume 1: Notes, Second Edition, 筑波ランゲージグループ，凡人社，1995.
Situational Functional Japanese Volume 1: Drills, Second Edition, 筑波ランゲージグループ，凡人社，1996.

Situational Functional Japanese Volume 2: Notes, Second Edition, 筑波ランゲージグループ, 凡人社, 1994.
Situational Functional Japanese Volume 2: Drills, Second Edition, 筑波ランゲージグループ, 凡人社, 1994.
Situational Functional Japanese 教師用指導書 Revised Edition, 筑波ランゲージグループ, 凡人社, 2000.
Total Japanese Grammar and Conversation Notes, 岡野喜美子, 長谷川ユリ, 大塚純子, 塩崎紀子, アン・松本・スチュワート, 凡人社, 1994.
Yookoso!:An Invitation to Contemporary Japanese, Yasu-Hiko Tohsaku, McGraw-Hill,Inc. 1994.

引用文献

フォード丹羽順子(1996)「日本語学習者による聴解ディクテーションに現れた誤りの分析―文法および音声的側面に焦点を当てて―」『筑波大学留学生センター日本語教育論集』11, pp.21-40.

谷部弘子(1999)「「のっけちゃうからね」から「申しておりますので」まで」, 現代日本語研究会(編)『女性のことば・職場編』pp.139-154, ひつじ書房.

聞くための日本語教育文法

松崎寛

1. この論文の内容

　「聞く」力を伸ばすのに重要なのは，語彙力と聞く量だと言われる。確かにそれらも重要だが，教室活動において，学習者に語彙リストを与えてテープを聞かせ，発話内容を把握させる練習を繰り返すこと以外に，もっと考えるべきことはないだろうか。

　ここでは，「聞く」活動の中でも，特に学習者にとって必要性が高い，会話における「聞く」活動に関して，具体例を見ていく。まず，何を聞く練習をすべきかという問題に関して，(1)(2)について述べる。(1)については2.で，(2)については3.で考える。

　　(1)　他人の会話を聞いて内容を答えるのは会話を「聞く」活動ではない。教材に用いられる文の自然さだけでなく，聞く活動そのものの現実性についても考えるべきである。

　　(2)　コミュニケーションのための聞く教材は，まず聞く場面の選定から始めるべきである。聞く活動においては，状況をフルに活用したり，相手の答えが理解できる範囲におさまるように質問したりする技術も大切である。

　聞く・話す・読む・書くという4技能における「聞く」の位置づけは，「音声」の「理解」活動であるが，「聞く」に特化した文法を考えるのは，実は，非常に難しい課題である。まず，「話す」「書く」などの使用能力か，「聞く」「読む」などの理解能力かという点では，使用能力に関して，「この文法項目は，初級で話せるようになる必要はない。理解できるだけでよい。」という提言はできる。しかし，逆の，「話せるだけでよい。聞けなくてもよい。」項目は，まずない。理解能力には，使用能力よりも多くの言語知識が必要となる。

次に，同じ理解能力でも，音声を使うか文字を使うかという点で言えば，「聞く」には，余裕がない状態で音声情報を受容・整理しなければならないという制約があり，「読む」のように，辞書を引いたりじっくり考えたりしながら理解活動を進めることができない。つまり，それだけ受け手側の，瞬間的な底力が要求される。
　それゆえ，能力が十分でない聞き手は，聞いてもわからなかった情報や省略された情報を瞬時に推測したり，あるいは，特に会話のように即時的反応が求められる活動において，前もって言いそうなことを予測しながら聞く必要が生じる。この「推測」と「予測」に関わる諸要素の枠組みが「聞くための日本語教育文法」であるという考え方をもとに，(3)から(6)について，4.から8.で説明する。(3)(4)については4.で，(5)(6)については5.から8.で述べる。

　　(3)　「聞く」活動は，単に受動的な受容活動ではなく，受け手がさまざまな言語知識・言語外知識を総動員して推測・予測を行う，能動的・積極的な再構築活動である。
　　(4)　「まず文法項目ありき」の発想ではなく，「聞く」活動の特性を考えた「聞くための文法」を考えるべきである。
　　(5)　「理解活動には正確さは不要」「わかればいい」と言われることがあるが，的確な再構築をするためには，「聞くための文法」の習得が不可欠である。
　　(6)　推測・予測は，曖昧なようで結構具体的であり，たいていの場合，学習・教育することが可能である。

　最後に，推測・予測の議論をさらに発展させ，聞く力を高めるには何をどう指導すべきかという(7)の問題について9.で述べる。

　　(7)　「聞くための文法」は従来の狭義の文型・談話だけでなく，音声・語彙・ストラテジーをも含んだ，非常に広い概念から捉えるべき問題である。「何を」「どう」の両者を押さえた上で「何を」教えるかを改めて考える必要がある。

2.「盗み聞き」は会話を「聞く」活動ではない

　まず，会話を「聞く」とはどのような活動なのかを考えるために，これまでの教材における聞きとりの現実性について，いくつか例を見てみたい。次の(8)は初級用教材で，2人の会話を聞いて，チャイムの後に流れる文の内容が○か×かを判断させる問題である。

(8) 男：カリナさん，映画を見に行きませんか。
女：きょうはちょっと。明日，試験がありますから。
男：え，明日，試験があるんですか。
女：ええ。教室の予定表に書いてありましたよ。
男：たいへんだ！
(チャイム) 男の学生は，明日，試験があるのを知りませんでした。
(『みんなの日本語 初級Ⅱ 本冊』p.108，テープ内容)

　このような，会話を聞き，内容を把握させる聴解教材は多い。だが(8)では，男が女と同じクラスの学生であるという情報が，チャイムの後の文が出るまで学習者に与えられない。現実の会話では，まず状況や人物に関する何らかの情報があり，それが聞き手の理解を助けるものだが，(8)を聞く学習者は，この逆に，設問を聞いてから遡って会話の状況を想像しなければならないわけである。
　(9)のように，逆にそこを聞く目的として与える教材もある。

(9) この二人はどんな関係でしょうか。正しいものを選びなさい。(選択肢：①親子の会話，②兄妹の会話，③恋人同士の会話)
女：そろそろ行かなくちゃ。
男：うん，元気でな。
女：メールするから。
男：待ってるぞ。
女：洋一もちょうだいね。
男：うん，出すよ。
女：絶対よ。
(『上級の力をつける聴解ストラテジー 上巻』p.26，CD内容)

　(9)の教材は，「状況をつかむストラテジー」を重要な方略の一つと考え，会話から2人の人間関係をあてたり，放送を聞いて「どこで聞く案内か」「何のスポーツ中継か」などをあてる問題に一章を割いている。確かに，断片的手がかりから隠された情報を推測する力は大切だが，(8)と同様，発話内容から逆に状況をあてる能力は，かなり特殊な状況，たとえば，ラジオドラマの状況設定を想像するとか，あるいは本当に隣室を盗聴するときに必要となる能力でしかない。このような練習は，問題のための問題という感が強い。

次の(10)は，2人の会話を聞き，アルバムに貼られたａ，ｂ，ｃ，ｄの4枚の写真から，先生の写真を選ばせる問題である。

(10) ［イラスト省略　ａは外国人男性，ｂは日本人女性，ｃは外国人女性，ｄは日本人男性の写真］

男：マリアさん，この女の人はだれですか。
女：どれですか。
男：この人，この女の人です。
女：ああ，それは友達の鈴木さんです。
男：ああ，そうですか。鈴木さんですか。鈴木さんは大学生ですか。
女：ええ，大学の3年生です。

［中略］

男：そうですか。じゃあ，この男の人は？　この人も学生ですか
女：いいえ，その人はわたしの日本語の先生ですよ。
男：あっ，そうですか。

（『初級日本語聴解練習 毎日の聞きとり50日 上』p.3，テープ内容）

しかし，学習者が(10)と同じ状況に遭遇する機会は，実際にあるのだろうか。(10)はタスクリスニングのようなかたちをとっているが，学習者が「男」の役で，先生が誰か知りたいなら，こんな回りくどい会話はしない。「先生は（どれ）？」と聞くし，答えるほうは写真を指さすだけで済む。つまり，学習者は会話に参加しているわけではなく，傍で盗み聞きをしているだけなのである。

仮に，(10)を本当に傍で聞く，つまり3人で話していて「聞く」状況であったとしよう。その場合，話し手は「この人は？」と言いながら写真を指さすはずだが，この教材では，その情報が与えられない。4枚の写真だけが目に入ってその写真をさす指が見えないというのは，状況としてありえない。つまりこれも盗聴である。

つまり学習者は，「この女の人，誰ですか」に対する「それは友達の鈴木さんです」を聞いて，「鈴木は日本人名だから，男は「この女の人」と言ってｂの写真をさしたのだろう。ｂは「友達」だ。だから先生ではない」と，推論する力を要求されるわけである。

以上のような，現実のコミュニケーションを反映していない聴解

教材は多い。教材の「現実性」を問題にするときは，「そんな不自然な日本語は使わないのでは」ばかりが注目されるが，それ以前に，そんな会話を「聞く」状況があるかについても考えるべきである。

3.「とにかく理解する」ためには

　（8）（9）（10）のような「ラジオドラマの聞きとり」は，独話の聞きとりと同様，一方向性のもので，聞き手が談話の流れをコントロールすることができない。一方，会話を聞く作業は，双方向的である。

　つまり，たとえば母と子の会話を聞かせ，会話内容を把握させるような無目的な教材ではなく，まず聞き手の立場と状況および聞く目的を明確にし，話し手の発話に対する反応を考えさせる必要がある。すなわち，ある1人の学習者を対象として，その人が聞き手となりうる場面・状況・話題を具体的に抽出し，自分が対話相手だったら発話にどう反応すべきかを考えさせる。そして，課題遂行に際し必要となる表現を学習項目とするのである。たとえば，留学生の言語活動であれば，(11)から(15)のようなものが想定される。

　　　(11)　行きたいお店の場所を，知らない人に教えてもらう。
　　　(12)　日本人の友人と学生食堂のメニューについての話をする。
　　　(13)　授業科目の履修方法について，事務の人に聞く。
　　　(14)　隣人からの苦情をアパートの大家さんから伝え聞く。
　　　(15)　授業での発表内容について指導教員から指導を受ける。

　(11)から(15)は，聞く活動の易から難の順になっている。おおまかに言って，状況の助けがあり，語彙や話題が制限され，展開が予測しやすいものはやさしい。自由度が高く展開が予測しにくいものは難しい。つまり，道聞きや食事注文やホテル予約などの場面，あるいは，料理手順やデートの約束の聞きとりは，遂行すべき課題が明確で，談話展開の枠組みを理解していれば，聞くべき箇所が絞り込みやすい。

　ただし，もっと細かく見ていくと，(11)の道聞きに関しても，難易度が高い会話と低い会話がある。たとえば初級教科書の最初の方には，指示詞が理解できれば場所が聞けるということで，次の(16)のような「どこですか」「あそこです」に似た会話が見られる。

　　　(16)　ミラー：すみません。ユニューヤ・ストアは　どこですか。

　　　　女の人：ユニューヤ・ストアですか。
　　　　　　　　あそこに　白い　ビルが　ありますね。
　　　　　　　　あの　ビルの　中です。
　　　ミラー：そうですか。　どうも　すみません。
　　　　女の人：いいえ。
　　　　　　　　　　　　　　（『みんなの日本語 初級Ⅰ 本冊』p.81）

　この女の人の答えを聞くことは簡単である。だが，現実にミラーさんと同じ質問を発して，その後の展開が同じになる保証はない。(16)は，ユニューヤ・ストアのすぐそばでなされるという状況の助けがあって成りたつ会話であって，学習者が本当に街へ出て，目的地から遠く離れた場所で道を聞こうものなら，ひどい目にあう。

　状況による助けの有無だけではない。会話相手は，常に学習者の実力に合わせた表現で話してくれるわけではない。学習者は，限られた能力を最大限に駆使してとにかく理解し，課題を遂行しなければならない。つまり，型どおりの会話を暗記させるだけではなく，相手が何を言っても要点が聞け，適切に反応できるようになるための底力をつけさせることが，真の「会話を聞く教育」である。

　同じ道聞きでも，(16)よりもっと後の課で学習する道案内には，次の(17)のような，「～と」を用いた表現が出てくる。
　(17)　あの　交差点を　右へ　曲がると，左に　あります。
　　　　　　　　　　　　　　（『みんなの日本語 初級Ⅰ 本冊』p.194）

　「話す」教材では，「～と」「～ば」「～たら」は，学習者の負担を軽減するため，別々の課で教えられる。そして文末表現の制限などの，用法の違いを対比的に扱う総復習を行うことが多い。しかし，「聞く」では，これらは，「前件と後件の前後関係を表す」ことだけを知っていればいい。つまりどれも同じと考えて差し支えない。

　さらに，課題遂行を目的として「とにかく理解する」ためには，聞き手がより積極的に会話をコントロールし，答えが理解可能な表現に収まるように質問する方略も，重要な技術である。(16)であれば，「～はどこですか」のような表現は，相手がどう答えるか「予測」できない。それより発話状況を利用して理解可能な答えを引き出すほうが確実である。たとえば，ある方向を指さして「ユニューヤ・ストアはこっちですか。」と聞き，「ええ，そっちです。」「あ，そっちじゃなくて，こっち。」などを引き出す方略がそれである。

4. 理解のための文法とは

　理解能力に関しては，よく「すべてわかる必要はない」ということが言われる。どんな言語であれ，母語話者は，話の一部が偶発的または意図的に省略されても，内容を適切に推測できる。たとえば，「きのう　学校　インターネット　画面　真っ暗」という，内容語だけを拾えば，元の文は「きのう学校でインターネットをしていたら急に画面が真っ暗になった」であろうとわかる。「聞く」活動は，単に受動的な受容活動ではなく，さまざまな言語知識・言語外知識を総動員して行われる，能動的・積極的な再構築活動である。

　しかし，この「聞く必要がある箇所かどうか」は，何により決まるのだろうか。たとえば，文型積み上げ式の教科書に連動する教材では，その課で習った文法項目が含まれる会話を聞く問題が多い。たとえば「ている」を学習すると，たいてい，(18)(19)のような文を聞き，大勢が写っている写真から人探しをする活動をする。

　　(18)　チョウさんはビールを飲んでいて，ワンさんはウォークマンを聞いています。(『楽しく聞こう Ⅰ』p.30, テープ内容)
　　(19)　ああ，本を読んでいる人ですね？　これが佐藤さん…。
　　　　　　　　　　　　　　　(『楽しく聞こう Ⅰ』p.30, テープ内容)

　このタスクの遂行に本当に必要な情報とは，何であろうか。(18)(19)で聞くべきは，「ビール」「ウォークマン」や「本」と，人名の組み合わせだけである。「…は～ています」「～ている人は…です」などは，名詞や動詞の位置を決める「枠」である。通常の授業では，このような聴解は，文型を学習した後の応用練習として行うことが多いが，「ている」や名詞修飾がわからなくても人探しはできる。

　これまでのような，一つの文型を「聞く」にも「話す」にも使おうという「まず文法項目ありき」の発想で，「この文法を教えたからこのタスクをしよう」と考える必要はない。学習者は，「さあ今からテイルを聞くぞ」と考えて日常の言語活動を行っているわけではない。遂行すべきタスクがあり，それに必要な「文法」があり，その文法を知る必要が生じるというのが本来の流れである。

　先ほどの(17)における「と」にしても，この考えにしたがえば，道案内という状況下では，接続表現そのものは聞き流せる。「交差点・右・左」という目印と方向の組み合わせがわかればよい。すなわち，「聞くための文法」は，「話すための文法」とは大きく異なる。

両者の違いをさらに深く考えるために，次の(20)のような例を見てみよう。(20)は，「けさの新聞によると」の後を，日本語話者（以下日本人）と学習者に書かせた調査の結果である。

(20) 「けさの新聞によると——」
　　　　らしい　　　　　日本人 54%・学習者　0%
　　　　そうだ（伝聞）　日本人 31%・学習者 50%
　　　　そうだ（様態）　日本人　7%・学習者　0%
　　　　ようだ　　　　　日本人　7%・学習者　0%
　　　　その他　　　　　日本人　8%・学習者 50%
　　　　　　　　　　　　　　　（酒井たか子(1995：p.26)）

「その他」の「学習者50%」の大半は，次の(21)のような，「らしい」も「そうだ」も「ようだ」もつけない誤用である。

(21)　けさの新聞によると，きのう地震がありました。

　さて，この結果を見て何を考えるか。だいたい初級では，「～によると…そうだ」の文型で習うので，学習者から「らしい」は出にくい。酒井たか子(1995：p.26)は，次の(22)のように考察している。

(22)　もっとも日本人に多い自然な反応が出てこないのは教育
　　　上に問題があるのであろう。　（酒井たか子(1995：p.26)）

　だが，意味がさほど変わらないのであれば，別に「そうだ」でもよいと考えることもできる。さらに，この本の「コミュニケーションのための日本語教育文法の設計図」（野田尚史）で述べているように，「みたいだ」で代用するように教えるという考え方もできる。
　しかし，それらはいずれも「話す」における問題であって，「聞く」の観点から言えば，「新聞によると」からわかる範囲で，「内容」が外れなければよいという捉え方をすべきなのである。
　つまり，形式に着目するか，内容に着目するかということで，「話す」「書く」の指導であれば，「何々によると」の後の文末は，「呼応する形式でしめなさい」となり，「聞く」「読む」の指導であれば，「何々によると」の後は伝え聞いた内容だから，「心の準備をしなさい」となる。いかに正確に文を完成できるかとは違うのである。
　この「心の準備」という考え方は，予測の問題に関係してくる。予測は，「聞く」にも「読む」にも必要だが，後戻りが可能な「読む」よりも，時間的制約が大きい「聞く」活動において，重要である。即時的反応を要求される会話では，特に重要である。

5. 明示されない情報の推測

2.から4.では，会話を聞くとはどういうことかを示し，それには推測と予測が重要であることを述べた。推測と予測は，両者が補足しあって内容理解に至る。5.から8.では，次の(23)から(26)の4つの観点から，推測と予測についてさらに詳しく見ていく。

(23) 省略や発話意図などの，明示されない情報の推測。
(24) 能力不足や雑音などで偶発的に聞けなかった情報の推測。
(25) 1文単位の予測。後が省略された言いさし表現の理解。
(26) 2文以上の，談話単位の展開予測。

逐語訳に固執するボトムアップ型の学習者には，トップダウンの推測能力を身につけさせることが重要だと言われる。しかしその一方，断片的情報によるトップダウンの推論は，外れることも多い。

3.や4.で述べた，かなり状況が限定され，遂行すべき課題が明確な活動ではなく，友人と雑談をしたり先生と相談をしたりする自由度の高い活動は，難易度が高い。聞くべき箇所を予測する，あるいは聞けなかった箇所を推測し情報を適切に再構築するには「聞くための文法」を理解する必要がある。推測・予測に関わる諸要素は，曖昧なようで具体的であり，たいてい，学習可能である。

まず，(23)の，明示されない情報の推測であるが，たとえば，主語の省略について言えば，文脈・状況の手がかりがない場合，主語は話し手自身である。それ以外は，自他動詞，使役，受身，敬語，やりもらい，「てくる」，「そうだ」，「と思う」，「って」など，非明示箇所を推測する何らかの手がかりがある。

よく曖昧な例としてとりあげられる「いいです」「けっこうです」が賛同か断りかなどは，かなりはっきり，共起表現でわかる。たとえば「いいです」単独での用法なら断りが多い。「〜がいいです」なら賛同，「〜はいいです」なら断りとなる。「いいですね」は賛同。「いいですよ」は上昇調なら賛同，下降調なら断りである。

その意味では，「教室の指示のことば」として，終助詞のつかない表現(27)を(28)のような賛同の意味でのみ教えるのは，日常会話の理解という観点からは，あまりよくない。

(27) けっこうです。　　　(『みんなの日本語 初級I 本冊』p.5)
(28) Fine./Good.
　　　　(『みんなの日本語 初級I 翻訳・文法解説 英語版』p.9)

言外の意味である発話意図の推測という点では,「〜のせいで」「いまさら」「どうせ」があれば,何か否定的なことを言っているなどの,語のもつニュアンスも重要である。「行ってもいいけど」のような「何か引っかかる」という言外の意味が含まれる表現もある。
　特定の表現がないにも関わらず,談話展開で発話意図が表されるものもある。たとえば,スピーチを頼まれた人が,依頼内容に対して(29)(30)のような表現を積み重ね,何度頼まれても謙遜することで「断りたい」気持ちを表現する例がある。

　　(29)　俺そういうのあんまり得意じゃないんだけどなー。
　　(30)　話とかだってうまくないからさー。

　　　　　　　　　　　　　　　　　　　　(目黒秋子(1994：pp.104-105))

こんなとき,(29)で最初に一回謙遜したところで「じゃいいです」と引くと,かえって失礼になるので,もう何回かは押してみないといけない。しかし断りたいという意図が最後まで推測できないで会話が終わってしまうと,「見込みがあると思ってたのに,裏切られた」となる。人間関係にヒビを入れやすい難しい例だが,たとえば聞き手のほうから「無理そうですか」「なんとかお願いできませんか」などの質問をすることで,話し手の答えを理解可能な範囲に修正する技術が,ここでも必要になるだろう。

6. 聞けなかった情報の推測

　「聞く」ための練習方法として,長文のディクテーションを一字一句違えないように行うのは,薦められない。母語話者でもそれほどの正確さは要求されないからである。練習用教材としては,ＳＰＯＴ(Simple Performance-Oriented Test)の応用が考えられる。ＳＰＯＴは,小林典子(他)(1996)で述べられているように,(31)(32)のような問題文を見ながら,そのもとの文を読み上げた音声を聞き,空欄に仮名1字を書きこむテストである。

　　(31)　そこ(　)何をしているんですか。
　　(32)　木村先生に会(　)ればいいのですが。

ただし「聞く」ための練習で記入する場合は,(33)の助詞穴埋め問題のような仮名1字ではなく,(34)(35)のような単語単位や句単位にしたほうが,実際の活動に近い。聞く活動においては,4.で述べたように,内容語の理解が重要だからである。(35)になると予測

の練習に近いが，予測は，「後ろ向きの推論」である推測に対する，「前向きの推論」であると考えることもできる。

(33) カリナさん，映画＿見に行きませんか。
(34) カリナさん，＿＿＿を見に行きませんか。
(35) カリナさん，映画を＿＿＿＿＿＿＿＿。

音声を伴わない問題においても，小林典子(2001：p.146)は，格助詞の「に」と「で」の対立に注目させる練習として，(36)のような穴埋め式の問題と(37)のような選択式の問題を比べ，学習者の文法的気づきを促す点で(37)のほうが有効だと述べている。(36)では，学習者は文を最後まで読まず，( )の前だけで「に」と「で」の選択をしようとしたり，あるいは文の最後まで読んでからもう一度戻って考え直すという複雑な操作をしなければならないためである。

(36) 電車の中 ( ) 本を読みました。
　　　銀行 ( ) 行きます。
(37) 大学の食堂に (a.いてください。 b.たべてください。)
　　　電車の中で (a.のります。 b.本をよみます。)

(小林典子(2001：p.146))

これを，「聞く」ための練習という視点で考えると，(36)は，聞けなかった格助詞を推測する練習であり，(37)は，名詞と格助詞の組み合わせから，後続内容を予測する練習ということになる。だが，(36)に別の助詞が入ることで内容が大きく変わる可能性はないので，(36)は，文型の正確な定着度を測る目的しかないと考えられる。内容理解という意味では，(37)のほうが有効である。さらに(37)は，後続文を明記することで，本当に正確な内容をあてるのではなく，大体があっていれば正解できる点でも，優れている。

推測力をつけさせるための練習では，時間を区切らず，音声も与えず，後続文完成テストを行うことも考えられる。しかし，「聞く」の特性である，瞬間的理解を確認するには，書かせるより，即座に言わせて解答させる方法のほうが良いだろう。

「シャドーイング(shadowing)」の応用も考えられる。シャドーイングとは，モデル音声とほぼ同時に，聞こえた内容をオウム返しする練習法である。オウム返しが純粋に機械的作業なら，どんな未知言語でもシャドーイングはできるはずだが，実際は，目標言語の知識がないとできない。シャドーイングは「話す」能力にも効果が

あるとされるが,「聞く」能力に関する効果としては,速さへの慣れ,集中力向上,記憶力向上,語句が記憶に定着し知識が増えるなどがある。慣れてくると,予測能力が発揮され,モデル音声とほぼ同時,あるいはモデル音声より早く発音しおわるようになる。

シャドーイング練習でも,難易度を配慮して教材の配列を考える必要がある。長い文,意外な展開の文,埋め込みの多い複文,難しい語が含まれる文は,言いにくいであろう。たとえば初級では,次の(38)より(39)のほうが難しいと考えられる。

(38) きのうはテレビを見たり,手紙を書いたりした。

(*Situational Functional Japanese Volume 2:Drills*, p.169)

(39) きのうジョギングをしていたハンサムな人にきょうまた会いました。

(*Situational Functional Japanese Volume 2:Drills*, p.168)

なお,シャドーイングの正誤チェックは,音節ごとの正確さで採点するのが本来の方法だが,この場合も,課題遂行の目的に合致するかどうかで,大意があっていればよいと考えても構わない。たとえば(40)の助詞脱落や,(41)の活用の誤用などは,許容できる。

(40) きのうテレビ見たり,手紙書いたりした。

(41) きのうはテレビを見た,手紙を書いた。

7. 1文単位の予測

与えられた言語情報から次に来る言語情報を予測する能力に関わる文法体系を,予測文法(expectancy grammar)と言う。寺村秀夫(1987)の予測文法実験は,次のようなものである。まず,普通の文を(42)のように途中で区切って与え,続きを書かせる。次に,(43)(44)(45)のように要素を一つずつ増やして続きを書かせる。

(42) その先生は

(43) その先生は私に

(44) その先生は私に国へ

(45) その先生は私に国へ帰ったら

実験の結果,(43)「その先生は私に」の段階で文末に動詞のタ形が用いられ,その動詞は,「言った」類と「くれた」類が9割を占める傾向が見られた。ニ格が要求する述語の中で,先生が私に対してはたらきかける意味の動詞が選ばれるためであろう。寺村秀夫

(1987)以後，さまざまな例文で予測文法の実験が行われ，文構成上の予測能力としては，名詞＋助詞のかたまりと，文の後に来る述部との関係が重要だとわかった。
　この結果を予測能力を高める教育に応用するなら，動詞は，その補語に選ばれやすい名詞とともに典型的例文で教え，補語から述部を予測させる練習をすると良いことになる。また，名詞の類義語・反義語類の枠組みを押さえると，推測・予測能力が強化されることになる。次の(46)(47)は速読におけるスキャニング練習用の教材だが，語の集合体の構築に役立つ。これは瞬時に判断できる力を高めることが目的なので，たとえば(47)を，答がすぐにわからない「仲間はずれクイズ」のようにしてしまうのは無意味である。

　(46)　共通のトピックを探してください。　　　　　（答：病院）
　　　看護婦（かんごふ）　医者　ベッド　レントゲン　注射（ちゅうしゃ）　薬（くすり）　手術（しゅじゅつ）
　　　　　　　　　　　　　　　　　（『中・上級者のための速読の日本語』p.8）

　(47)　同じグループに入らないものが一つだけあります。探してください。　　　　　　　　　　　　　　　　　　（答：切符）
　　　切手　葉書（はがき）　手紙　封筒（ふうとう）　切符（きっぷ）
　　　　　　　　　　　　　　　　　（『中・上級者のための速読の日本語』p.10）

　「聞く」ための教育の目標は，母語話者のように「油断しても聞ける」能力を伸ばすことである。予測能力が伸びると，次を聞くか聞き流すか，つまり集中するか油断していいかが判断できるようになる。この能力が自動化されれば，情報検索時の負担が軽減される。
　また，「あの，失礼ですが…」などの言いさしの理解，つまり聞いていない内容に関する展開の予測ができるようになる。次の(48)は，「それが…」の後は悪いことを言うだろうと予測した例である。

　(48)　A：この間のテスト，どうだった？
　　　　B：それが…
　　　　A：あ，そう…

　ただしこの場合，「それが」の「が」まで低い音調で発話されることが条件で，「れ」から高くなる場合，つまり嬉しそうに言う場合であれば，「意外な良い結果」に展開することもありうる。
　さらに，予測により，(49)のような先取り相づちを打つことが可能になる。これにより，「共話」つまり会話する複数名が１つの文を完成させるスタイルで自然なやりとりができるようになる。

(49)　A：先生は来週東京へいらっしゃるみたい。
　　　　B：あっ，ほんと。じゃ，来週のゼミは休み……。
　　　　A：かもしれないね。（『現代日本語コース中級Ⅱ』p.6）

　副詞や接続表現は，次の8.で説明する談話展開の予測という観点から，特に重要である。副詞であれば，「たぶん～だろう」「まさか～ないだろう」などの呼応副詞と呼ばれるものは，言い切りの「たぶん。」「まさか。」だけで内容がわかる。呼応副詞以外でも，省略された後続文が予測できる(50)のような例が数多くある。

(50)　A：風邪は？
　　　　B：ええ，もうすっかり。

　(50)のような表現は，この要素があればその後が一義に絞られるものである。これに対して，次の(51)の「あげく」などは2通りの予測の可能性がある。これを一義に絞る予測は可能であろうか。

(51)　「～あげく」（などの「予測の鍵となる表現」）の後にプラスの展開になる場合には「＋」，マイナスの展開になる場合には「－」をつけました。［中略］
　　⊖　さんざん悩んだあげく，あやまることにした。
　　⊕　日本への留学を周囲から反対されたが，説得したあげく，やっと認めてもらえた。
　　　　　　　　　　　　　　（『予測してよむ聴読解』pp.6-8）

　(51)の「＋か－かどちらかだ」という説明は，当然すぎて役に立たない。それに，「さんざん悩んだあげくあやまることにした」が「－」なのは，「謝るのが嫌だから」という，「あげく」以後の情報によるものである。次の(52)(53)も可能なことからすると，「あげく」だけが予測の鍵となっているとは言えない。予測練習用の文は，鍵となる表現の前で予測可能となるものでなければ，意味がない。

(52)　さんざん悩んだあげく，あやまらないことにした。
(53)　さんざん悩んだあげく，最後に良い結論に至った。

　しかし，次の(54)のような受身文，(55)のような否定的ニュアンスの「どうせ」がある文であれば，後件はほぼ「－」に決まる。

(54)　さんざん悩まされたあげく，最後になって断られた。
(55)　どうせさんざん悩んだあげく，投げ出すんでしょう。

　ここまでであげた(20)(45)(48)(49)(55)は，次の(56)から(60)のような後続文完成テストにすれば，そのまま予測練習教材となる。

(56) けさの新聞によると＿＿＿＿＿＿＿＿＿＿。
(57) その先生は私に国へ＿＿＿＿＿＿＿＿＿＿＿＿＿。
(58) A：この間のテスト，どうだった？
　　　B：それが，＿＿＿＿＿＿＿＿＿。
(59) 先生は東京へ行くみたいなので，ゼミは＿＿＿＿＿＿。
(60) どうせさんざん悩んだあげく，＿＿＿＿＿＿＿＿＿。

　このとき学習者が，(56)に対して(61)のように解答したとしても，「内容」があっていれば誤りではないという基準で対処することもできる。また，使用能力と理解能力を分けて考え，使用能力が不十分であれば，予測内容を学習者の母語で確認しても差し支えない。

(61) けさの新聞によると，きのう地震がありました。

8. 談話単位の展開予測

　談話単位の予測は，1文単位の予測よりも複雑な言語的・状況的文脈，音調，社会通念などのさまざまな要因が関係するため，こうだと断定することが難しい。だが，予測による負担軽減という点では，1文単位よりも2文以上の予測のほうが，必要性が高い。
　たとえば，「確かに」には，直後に逆接の表現が来る例が多い。(62)の1文目のように切り出せば，聞き手は次に「しかし」で反論が来ると予測することができる。

(62) 確かに君の意見は正しい。しかし実行は難しい。

　しかし，一方で，(63)のように，逆接が来ない場合もある。

(63) 確かに君の意見は正しい。私が間違っていた。

　この使い分けに関して，日本人の予測に関する調査を行った酒井智香子(他)は，(64)のように結論している。以下，この3点を詳しく説明する。

(64) 「確かに」の用法の予測に関係する要素には，①「は」の有無，②判断文か現象文か，③語順，の三つがある。

(酒井智香子(他)(2004：p.12))

　まず①の「は」の有無については，たとえば「確かに八千円を受けとった」より，「確かに八千円は受けとった」のほうが，次に「だが返したはずだ」などの逆接の展開を予測する人が多くなった。
　次に，②の判断文か現象文かについては，たとえば，「確かに八千円は受けとった」のように現象を描写した現象文よりも，「確かに

「今の意見は正しい」のように話者の判断を述べた判断文のほうが，逆接展開を予測する人が多くなった。

最後に③の語順の問題だが，たとえば「八千円は確かに受けとった」よりも「確かに八千円は受け取った」のほうが後に「しかし」が来る可能性が高くなった。

これらを参考に問題を作ると，次の(65)(66)のようなものが考えられる。想定される正解は，(65)がa，(66)がbである。

 (65) そういう表現が確かに（a.あります。 b.あります。でも，使いませんよ。）

 (66) 確かにそういう表現は（a.あります。 b.あります。でも，使いませんよ。）

展開を予測させる接続表現という点では，「まず」「さらに」などの順序や，「AはBだ。CもBだ。」「AはBだがCはDだ。」のような対比表現なども重要である。さらに，聞き手の注意を変えさせる談話標識としての，「前置きが長くなりましたが」などがあるが，これによって注目すべき箇所がわかるということがある。

また，「ね」だけを高く短く「そうですね！」と言ったら「じゃ，そうしましょう。」という賛成意見が予測されるのに対し，長くゆっくりと「そうですねえ…。」と言ったら「やっぱりやめましょう。」が予測されるなどの，感情に関わる音調の理解も重要である。

9. 理解能力をどうやって身につけるか

以上の「何を」教えるかに対して，学習者の「知識」を向上させるだけでは克服しがたい課題もある。「何を」に対する「どう」に関する問題で，具体的には，音の識別能力の向上と，音声を一時的に蓄積しておく記憶力の向上である。

単語を認知し，背景知識を活用して意味を推測する活動は，学習者が有する「知識」をもとにしたボトムアップ処理と検証から成り立っている。これに対し，音の識別力や，重要な箇所を整理して記憶する力は，この「知識」を支えるさらに大きな枠である。

まず音の識別について述べる。耳の能力不足を推測で補うことは，母語話者も日常やっていることだが，学習者にとっては，自分の誤りの傾向を自覚しておけば，推測すべき音の候補が立てやすくなるということがある。たとえば次の例は，小林典子氏の私信だが，「家

事分担をするか」というインタビューを聞かせてディクテーションをしたところ，(67)のように書いた学習者がいたという。

(67) 家事の分担は，してないねえ。私はまあ，一番洗濯ぐらいですね。

この「一番洗濯」は，実は，「1パーセント」の聞き間違いである。この学習者が，「1％」という語をまったく知らなかったのであれば，それ以上のことはチェックできない。しかし，「％」という語を知っていたとしてそれが候補にあがらなかった，つまり「わかるけどできない」状態だったとすると，何が問題だったのだろうか。

この場合，「一番洗濯ぐらい」では，文脈に照らしておかしいと検証できる力が不足していたということになる。たとえば，「イチパー」と「一番」の/パ//バ/，/ー//ン/のように，有声音・無声音や特殊拍関係で自分の誤りの傾向を把握しておき，別語の可能性はないか再検索し，適切な候補を選び出す力があれば，正解できる可能性もあったと考えられる。「おいといて」「聞っこと」のような縮約形に関する語形の知識も，聞きとりを助けるものであろう。

しかしこのような，音韻レベルにおける再検索の作業は非常に難しいことが松崎寛(2002)などでも述べられており，音の識別に関しては，やはり知識だけではなく，モニターする力を伸ばすための練習を積み重ねることが有効だと考えられる。6.であげたシャドーイングも，その練習方法の1つである。

6.では，シャドーイングが，記憶力増強や知識の増加に効果があると書いたが，単にオウム返しを繰り返せば効果があるわけではない。シャドーイング用の一連のメニューをこなすことで，素材を暗唱できる程度まで高める練習をするため，力がつくのである。素材の暗唱・暗記は，「聞く・読む」における「わかればいい」という方針に相反することのようだが，理解能力を支える言語知識の増強もまた重要であることは言うまでもない。

1.では，「理解能力には使用能力よりも多くの知識が必要とされる」と述べたが，学習者が目の前の素材だけではなく，次の素材もわかるようになるには，理解能力を支える知識を，口頭での「使用」を通じて補強していかなければならない。これは「話す」能力を向上させるということではなく，「聞く」能力を伸ばす目的のために「話す」という手段を用いるということである。曖昧模糊とした理

解能力を堅牢なかたちにするための作業である。

6.におけるシャドーイングの説明では,「課題遂行の目的に合致するかどうかで,大意があっていればよいと考えても構わない」という遠まわしな表現をとった。これは,1回限りの理解確認であれば,「内容」以外の「枠」にあたる部分が不正確でも許容するということである。しかし,理解能力をつけるという長い目で見た場合,「正確さ」を重視したシャドーイングを行うことにも意義がある。この「枠」は,「内容」の推測・予測能力を支える点で重要である。

「内容」と「枠」それぞれに対する理解を深める練習としては,(68)を聞かせて(69)や(70)に書き込ませる方法が考えられる。

(68) ジルさんが脚の細いテーブルの上にあがったんで,みんなが端を支えたりして,大変だったんですよ。

(69) ジルさん＿脚＿細いテーブル＿上＿あがった＿＿＿,みんな＿端＿支えた＿＿＿＿,大変＿＿＿＿＿＿＿＿。

(70) ＿＿＿＿＿＿が＿の＿＿＿＿＿＿＿の＿にあがったんで,＿＿＿＿＿が＿を支えたりして,大変だったんですよ。

(69)が「枠」,(70)が「内容」の聞きとりである。これは,靜哲人(1999:p.34)の英語聴解教材「2つ折りディクテーション」を参考にしたものだが,指導手順としては,次の(71)(72)(73)のように進めることが考えられる。能力が高い学習者であれば,(71)はとばし,能力が低い学習者であれば,(73)は省略することも考えられる。

(71) (69)を見ながら(68)を聞き,内容語の把握(書かない)。

(72) (70)を見ながら(68)を聞き,空欄に内容語を書く。

(73) (69)を見ながら(68)を聞き,空欄に助詞等を書く。

10. まとめ

ここまでをまとめると,次の(74)(75)のようになる。

(74) 他人の会話を聞いて内容を答えるのは会話を「聞く」活動ではない。教材に用いられる文型や内容の自然さだけでなく,聞く活動そのものの現実性について考えるべきである。

(75) 聞く教材は,まず聞く場面の選定から始めるべきである。聞く活動では,状況をフルに活用し,相手の答えが理解できる範囲におさまるような質問をすることが大切である。そしてそのためには,これまでの「まず文法項目ありき」の発想

ではなく，聞く活動の特性を考えた，理解のための文法および練習方法を考えるべきだとして，(76)(77)の提言を行った。

(76) 「理解活動には正確さは不要」と言われることがあるが，的確な再構築をするためには，空欄補充練習や後続文完成練習を通じて，推測力・予測力を高めることが重要である。

(77) 次の4点を支える知識の習得が必要である。
・省略や発話意図などの，明示されない情報の推測。
・能力不足や雑音などで偶発的に聞けなかった情報の推測。
・1文単位の予測。後が省略された言いさし表現の理解。
・2文以上の，談話単位の展開予測。

最後に，以上の議論を踏まえた(78)のような考えをもとに，聞く力を強化する練習方法に関して，「シャドーイング」の応用や，「2つ折りディクテーション」の活用について，9.で説明した。

(78) 語彙・文法・ストラテジーを包括する新しい「聞くための文法」の知識を拡充するだけでなく，音の識別や記憶力を向上させる練習を行うことも必要である。

これまでの「聞く」教材は，習った文型を含む談話を聞かせ，内容について確認する問題が多かった。これからの「聞く」教材では，タスク遂行の難易度からさまざまな言語活動を場面・話題で細分化して整理し，語彙や文型は，「使用」の難易度ではなく「理解」の難易度によって測り，練習をするべきである。つまり難しい要素が含まれていても，それがタスク遂行に際して聞き流していい部分であれば，「易」と見なす。この，「そこがわからなくてもできる」をどう判定するかについて，今後データを蓄積していく必要がある。

調査資料

『現代日本語コース中級Ⅱ』，名古屋大学日本語教育研究グループ，名古屋大学出版会，1990.

『上級の力をつける 聴解ストラテジー 上巻』，川口さち子・桐生新子・杉村和枝・根本牧・原田明子，凡人社，2003.

『初級日本語聴解練習 毎日の聞きとり50日 上』，宮城幸枝・三井昭子・牧野恵子・柴田正子・太田淑子，凡人社，1998.

『楽しく聞こうⅠ 文化初級日本語聴解教材』，文化外国語専門学校日本語課程（編），文化外国語専門学校（発行），凡人社（発売），1992.

『中・上級者のための速読の日本語』，岡まゆみ（著），三浦昭（監修），The

Japan Times, 1998.
『みんなの日本語 初級Ⅰ 本冊』,スリーエーネットワーク(編),スリーエーネットワーク,1998.
『みんなの日本語 初級Ⅰ 翻訳・文法解説英語版』,スリーエーネットワーク(編),スリーエーネットワーク,1998.
『みんなの日本語 初級Ⅱ 本冊』,スリーエーネットワーク(編),スリーエーネットワーク,1998.
『予測してよむ聴読解』,佐々木瑞枝・嶽肩志江(著),佐々木瑞枝(監修),アルク,2001.
Situational Functional Japanese Volume 2: Drills, Second Edition, 筑波ランゲージグループ,凡人社,1994.

引用文献

小林典子(2001)「効果的な練習の方法」,野田尚史・迫田久美子・渋谷勝己・小林典子『日本語学習者の文法習得』pp.139-158,大修館書店.

小林典子・フォード丹羽順子・山元啓史(1996)「日本語能力の新しい測定法「SPOT」」『日本語教育論集 世界の日本語教育』6,pp.201-218,国際交流基金日本語国際センター.

酒井たか子(1995)「文の適切性判断のための一試案—後続文完成問題における日本人との比較」『筑波大学留学生センター日本語教育論集』10,pp.19-28.

酒井智香子・山内博之(2004)「「なかなか」「あげく」「確かに」の用法に関する予測文法的研究」『実践国文学』66,pp.1-14,実践女子大学内・実践国文学会.

靜哲人(1999)『英語授業の大技・小技』研究社.

寺村秀夫(1987)「聴き取りにおける予測能力と文法的知識」『日本語学』6-3,pp.56-68,明治書院.

松崎寛(2002)「リピートのとき学習者は何を考えて発音しているか」『広島大学日本語教育研究』12,pp.33-42,広島大学大学院教育学研究科.

目黒秋子(1994)「「謙遜型」断りのストラテジー」『東北大学文学部日本語学科論集』4,pp.99-110,東北大学文学部日本語学科.

話すための日本語教育文法

山内博之

1. この論文の内容

　コミュニケーションのためという目的を考えた場合，聞く・話す・読む・書くという4技能の中では，「話す」教育が最も先進的であるという印象が持たれているのではないだろうか。ロールプレイやスピーチ，ディスカッションなどが積極的に取り入れられており，一見，コミュニケーション重視という姿勢が貫かれているようにも見える。しかし，実際には，現時点での「話す」教育は，それほど，コミュニケーションに役立つものではない。

　この論文では，まず，「何を教えるか」ということについて論じる。具体的な内容は，次の（1）と（2）である。（1）については2. で，（2）については3. で，それぞれ詳しく説明する。

　　（1）　話す教育を考えた場合，現在の初級教科書の文法シラバスは，必ずしも適正なものではない。初級の段階で教師が教えても，中級になった学習者にほとんど使用されていない文法形式がある。

　　（2）　学習者の発話を丹念に観察していくと，日本語教師がほとんど意識していないような表現が，学習者の口から頻繁に発せられていることがわかる。このような表現も，話す教育を行う際には考慮に入れるべきである。

　次に，「どう教えるか」ということについて論じる。具体的な内容は，次の（3）から（6）である。これらについては，4. から7. で，それぞれ詳しく説明する。

　　（3）　話す活動の特徴を一言で言い表すと「出たとこ勝負」であり，「出たとこ勝負」の能力を学習者につけさせるため

には，「タスク先行型」で教えるのがよい。「タスク先行型」の教え方では，まず最初に，学習者にタスクを遂行させ，その後で文法や表現の導入を行う。

（4）　教えるべき文法項目は，教師が決定するものではなく，学習者が行うタスクのタイプによって，おのずと決まってくるものである。「タスク先行型」で教えれば，これまでに教師がまったく意識していなかった文法項目も導入することができるようになる。

（5）　導入した文法や表現を定着させるための練習方法も，「出たとこ勝負」という話す活動の特徴を考慮したものにすべきである。そのような練習方法の1つに，「場面を細分化した応答練習」がある。

（6）　話す活動は瞬時に行うものであるので，コミュニケーション上の失敗・挫折を避けることができない。したがって，学習者は，失敗・挫折を避けるための方策を身につける必要があるが，そのためにも，「タスク先行型」の教え方は非常に有効である。

2. 初級文法シラバスの検証

　日本語教育を行う場合，「何を教えるか」ということと，「どう教えるか」ということが，非常に重要である。しかし，これまでは，「どう教えるか」ということにのみ関心が向けられ，「何を教えるか」ということについては，あまり疑問がもたれてこなかった。特に，初級において，その傾向が強いように思われる。

　そこで，2.では，教師が初級で教えた文法形式が，その後，本当に学習者に使用されているのかということを見ていく。つまり，現在の初級の文法シラバスが，学習者の日本語の習得過程を考慮に入れた適切なものであるかどうかを検証しようということである。

　具体的には，代表的な初級教科書である『みんなの日本語』のシラバスを，OPIの文字化データで検証していく。OPIとは，テスターと被験者が一対一で行う会話テストのことである。OPIについては，牧野成一(他)(2001)で詳しく説明されているので，参照していただきたい。なお，分析に用いたOPIの中級学習者の数は，14名である。

『みんなの日本語』の中の，ある文法項目を，ＯＰＩで中級と判定された学習者が十分に使用しているのであれば，話しことばとして「教える価値あり」，逆に，中級学習者が使用していないのなら，話しことばとしては「教える価値なし」と判断する。初級での文法教育が実を結んでいるのなら，中級学習者は，初級の文法項目を十分に使っているだろうし，そうでないなら，あまり使っていないのではないかと考え，このような分析を行うことにした。

以下，「格助詞」「とりたて助詞」「並立助詞」「助動詞」「補助動詞」「接続助詞」「接続詞」「終助詞」「フィラー」という順で，分析結果を見ていくことにする。

まず，格助詞についてであるが，『みんなの日本語』では，「が」「を」「に」「へ」「と」「から」「より」「で」「まで」「の」「について」という格助詞を扱っている。ＯＰＩのデータにおいても，中級学習者はこれらのすべてを使用しているのであるが，「へ」だけは，初級，中級から，上級，超級へと進むにつれてどんどん使用数が減っていく。おそらく，初級，中級においては，教科書に出てくるから，そして，教師が教えるから使用しているのであろうが，習得段階が進むと自然に消えてしまう。したがって，格助詞の「へ」は，話しことばとしては教える価値がないのではないかと思われる。

とりたて助詞については，『みんなの日本語』では「は」「も」「だけ」「しか」「ぐらい」「ほど」「でも」が扱われているが，このうち，中級学習者がＯＰＩにおいて使用していたのは，「は」「も」「ぐらい」「だけ」のみであり，したがって，初級で教えるとりたて助詞は，「は」「も」「ぐらい」「だけ」の4つで十分だと思われる。

並立助詞については，『みんなの日本語』では「と」「や」「とか」が扱われているが，このうち，「や」は教えなくてもいいようである。初級学習者，中級学習者は「や」を使用しているのであるが，上級学習者，超級学習者は「や」はほとんど使用していない。その代わり，「とか」の使用が急増している。

助動詞については，『みんなの日本語』では，「です」「ます」「た」「(ませ)ん」「ない」「たい」「のだ」「られ(受身)」「させ(使役)」「はずだ」「ようだ」「そうだ(様態)」「そうだ(伝聞)」「つもりだ」「ばかりだ」「ところだ」というように，かなり多くのものが扱われている。しかし，「です」「ます」「た」「(ませ)ん」「ない」という，

ごく基本的なものを除くと，中級学習者が使っているのは，「たい」「ようだ」だけである。

「のだ」「られ（受身）」「だ」は，上級以降で頻出する。「のだ」と「られ（受身）」は，それをうまく使うためには談話レベルの情報が必要になるので，まとまった話ができるようになる上級で出現するようになるのであろう。また，「だ」は，「～だし～」「～だと～」というような形で，主に複文形成のために使われている。

補助動詞については，『みんなの日本語』では，「ている」「てくる」「てある」「ておく」「てしまう」「てみる」「すぎる」が扱われているが，中級学習者が使っているのは「ている」だけである。したがって，初級では，とりあえず「ている」のみを教えておけばよい。ちなみに，「てくる」「てある」「てしまう」「てみる」は主に超級で出現する。つまり，これらは，話しことばとしては，上級で教えるのがふさわしいということであろう。

また，「てる」も超級で急増する。日本語教師は，「ている」と「てる」はほぼ同一のものであると考えているのではないかと思われる。しかし，実際には，「ている」は初級で習得され，「てる」は上級で習得されるというように，両者はまったく異なるものである可能性がある。

接続助詞については，『みんなの日本語』では，「て」「から」「ので」「けど」「が」「のに」「と」「ば」「たら」「なら」「たり」「し」「とき」「ながら」「ため」が扱われているが，中級学習者が安定して使用しているのは，「て」「から」「けど」「たら」「たり」「とき」のみであった。ちなみに，「が」「し」は上級以上で頻出し，「けれども」「ので」「ば」「と」は超級で頻出していた。

ここでも，興味深いことは，「けど」が中級で出現し，「けれども」が超級で出現するということである。「けど」と「けれども」は，文法的にはほとんど同じ働きをするものであるが，習得段階という観点から見ると，「けど」は初級で習得し，「けれども」は上級で習得するというように，まったく異なるものである可能性がある。

接続詞については，『みんなの日本語』では，「そして」「それから」「それで」「それに」「そのうえ」「ですから」「でも」「しかし」「では」「じゃ」「ところで」が扱われているが，この中で中級学習者が使用していたのは，「でも」と「それから」のみである。しかし，「そ

れから」は上級以降で出現数が減ってしまうので，安定した使用とは言えないかもしれない。

　また，『みんなの日本語』では扱われていないのであるが，「だから」「たとえば」「で」は，中級学習者が安定して使用している接続詞である。中級学習者は，「でも」「だから」「たとえば」「で」と「それから」の5つの接続詞で，この段階での接続という世界を構成しているのではないかと考えられる。そして，上級以降では，「それで」「そして」「また」「ですから」「いや」「じゃ」「ただ」「が」「あるいは」「つまり」「けれども」「じゃあ」「実は」「しかし」など，幅広く出現する。

　終助詞については，『みんなの日本語』では，「か」「ね」「よ」「な（禁止命令）」が扱われているが，中級学習者が用いているのは，主に「か」と「ね」であり，「よ」は上級以降で出現する。ちなみに，「ね」は，必ずしも正用であるとは限らないが，中級で相当数出現する。初級の授業では，「ね」の用法をそれほどしっかり教えないことが多いが，正しい使い方を初級から積極的に教えていくと非常に効果的であろう。

　最後に，フィラーについてであるが，『みんなの日本語』では「あのう」と「えーと」が扱われており，OPIのデータでも，中級学習者は「あのー」と「えー(と)」を安定して使用していた。特に，「あのー」は，先ほど述べた「ね」と同様，必ずしも正用であるとは限らないが，中級で相当数出現している。「あのー」も，「ね」と同様，初級段階から正しい用法をしっかり教えていくことによって，大きな効果が得られる項目であると言えるだろう。

　以上，初級で教えられた文法項目を中級学習者が実際にどの程度使用しているかという観点から，現行の初級文法シラバスの検討を行った。『みんなの日本語』という単一の教科書と，OPIの各レベル12～15人程度の被験者の文字化資料というごく限られたデータのみを用いた検証であったが，教科書にある文法項目をどれも同じように教えるのではなく，聞いて理解できればいいもの，使用できるようにならなければいけないものなどというように，メリハリをつけて教えることが必要だということは，十分に確認できたのではないかと思う。

　なお，ここでは，調査手法やデータに関する詳細，及び，各文法

形式の出現数などは挙げず，結果しか示していない。詳細については，山内博之(2005)をご覧いただきたい。

3. 習得段階別の発話の特徴

2. では，初級文法シラバスの検証を行うために，中級学習者の発話と初級文法シラバスとの比較を行った。次に，3. では，中級から超級に至るまでの学習者の発話の特徴を見ていくことにする。具体的には，Ｎグラム統計という手法を用い，ＯＰＩで中級・上級・超級とそれぞれ判定された学習者が，どのような文字列を多く発話しているかということを観察していく。初級は，まだほとんど文で話すことができないようなレベルであるので，分析の対象とはしなかった。

Ｎグラム統計というのは，言語テキストの中の，任意の長さの文字列の出現頻度を知ることができる手法のことである。「中級－下」9人分，「上級－下」7人分，「超級」6人分のＯＰＩ文字化データを，このＮグラム統計で分析し，それぞれのレベルで頻出する文字列を洗い出した。なお，Ｎグラム統計については，近藤みゆき(2001)などに詳しく書かれているので，参照していただきたい。

4文字以上の文字列で，中級で多かったものを頻度順に5つ挙げると，「はいはい」「ですはい」「ています」「ますはい」「ちょっと」となる。「はいはい」は「はい」を2回繰り返したものであるが，単独で使われている「はい」の数も上級・超級を圧倒しているし，上級・超級ではほとんど現れることのない「はいはいはい」や「はいはいはいはい」も，中級ではかなりの数が出現している。

「ですはい」「ますはい」というのは，以下のような文の中で使われているものである。

(7) ん，とてもいい人です，〈うん〉はい，ひとりは，お坊さん，です，〈うん〉はい，あの，とてもいいひ，楽しい
　　　　　　　（ＫＹコーパス：英語話者，中級－下，EIL02）

(8) んー日曜日はー，んー，いえでー，〈うん〉いーやすんです |笑い| はい，〈あそうです〉やすみですはい
　　　　　　　（ＫＹコーパス：中国語話者，中級－下，CIL01）

(7)では，「うん」というテスターの相づちに対して「はい」と答えている。一方，(8)では，「やすんです」という自分の発話の後，

笑いを挟んで「はい」と発話したり，「やすみです」のすぐ後に続けて「はい」と発話したりしている。相手の発話に対して「はい」と答えるだけでなく，自分の発話に続けて「はい」と述べたりもしているが，いずれにしても，中級学習者は「はい」を多用しているということである。
　ＯＰＩでは，「ことばのやりとりがある程度スムーズにできることが中級学習者の特徴だ」などと言われているが，中級学習者のことばのやりとりのスムーズさは，主に「はい」を多用することによって生まれている可能性がある。また，「ちょっと」の使用も，ことばのやりとりがいかにもスムーズであると思わせる要因の1つであるかもしれない。
　「ています」も中級で頻出しているのであるが，中級では「ています」が出現しているのみで，「てます」「ている」「てる」は，ほとんど出現しない。しかし，上級以降になると，「てます」「ている」「てる」もコンスタントに現れるようになる。したがって，上級以降では，中級ではできなかった「ています」「てます」「ている」「てる」の使い分けができるようになるのではないかと考えられる。
　次に上級であるが，4文字以上の文字列で出現数の多かったものの上位5つは，「ちょっと」「ですけど」「やっぱり」「おもいま」「とおもい」である。「ちょっと」は中級でも多かったが，上級でも頻繁に使用されている。また，「ですけど」が第2位に入っているということは，上級では，複文の産出が安定して行われるようになっているということであろうか。「やっぱり」は，初級・中級での出現はゼロで，上級から急に現れたものである。したがって，非常に上級らしい語であると言える。
　第4位と第5位に「思う」に関わるものが登場しているので，「思う」という語の使用について少し述べる。上級では「おもいます」という形が多く現れるが，「思う」に「のだ」のついた「おもうんです」という形はほとんど現れない。しかし，超級になると，「おもうんです」も「おもいます」と同じような頻度で出現するようになる。「のだ」は，前提となる事態との関わりがある場合に用いられると説明されることが多いが，「思う」ことの前提となるものは，その「根拠」ではないだろうか。このことは，ＯＰＩにおいて，意見を裏付けることができるのが超級学習者であると判定されることと，何

らかの関係があるのではないかと思われる。

　超級で頻出した4文字以上の文字列の上位5つは,「んですけ」「そういう」「ですけど」「っていう」「んですけど」であった。また,「んですね」「んですよ」「んですよね」もかなり多く使用されており,この三者の出現数を合計すると,「んですけ」に次いで第2位になる。今後,さらに丹念にデータを見ていく必要があるが,とりあえず,超級学習者の特徴は,「のだ」を「けど」「ね」「よ」「よね」などとうまく結びつけて使用できることだと言える。

　以上,3.では,中級,上級,超級のそれぞれのレベルで頻繁に使用されている表現形式を,Nグラム統計によって洗い出した。洗い出された表現形式の中には,普段,日本語教師がほとんど意識していないものもあるだろう。しかし,これらの表現は,それぞれの習得段階を象徴するものであり,学習者が上の段階に進んでいくためには身につけていかなければならないものであると言える。

　なお,ここでは,調査手法やデータに関する詳細,及び,各文法形式の出現数等は挙げず,結果しか示していない。詳細については,山内博之(2004)をご覧いただきたい。

4.「出たとこ勝負」的な能力をつけるために

　この論文の2.と3.では,「何を教えるか」ということについての検証を行った。2.では,現在,初級の文法項目と思われているものの中にも不必要なものが多数あることを明らかにし,3.では,日本語教師が意識して教えていないにもかかわらず,それぞれの習得段階において,学習者が頻繁に使っている表現形式があることを明らかにした。2.と3.の分析ではっきりしたことは,現在の話しことばのシラバスは,学習者の習得段階を考慮した適正なものではないということ,つまり,「何を教えるか」という問いに対する正しい答えを,現在の日本語教育は持っていないということである。

　4.以降では,「どう教えるか」ということについて述べる。結論を先に言えば,「タスク先行型」という考え方が,「どう教えるか」ということの,この論文の答えである。また,「タスク先行型」の教え方が,「どう教えるか」ということの解答であるばかりでなく,「何を教えるか」ということに寄与することも説明する。4.では,「タスク先行型」の考え方を紹介する。まず,話す活動の特徴とい

うことから考えていくことにする。

　話すということの最も大きな特徴は，「出たとこ勝負」であるということである。話す活動は，状況に即して瞬時に行われる。人に話しかけられたら，即座に反応するのが普通であり，何時間も黙って考えた後に応答するなどということは，まずない。また，状況に即して瞬時に発話することを要求されるため，うまくいくこともあれば，うまくいかないこともある。つまり，一回一回が，瞬時の判断を求められる勝負なのである。

　話す能力を養成するために，ドリルやパターンプラクティスが行われることがあるが，しかし，それらは，状況に即して瞬時に判断を行うという「出たとこ勝負」的な能力を養成するためには，ほとんど役に立たない。

　また，ロールプレイやディスカッションなど，実践的な会話練習が行われることもあるが，しかし，それらも，あまり効果がないことが多い。なぜなら，ロールプレイやディスカッションを行う際に，そこで必要となる文法や表現を前もって教えてしまうからである。たとえば，「〜てもらえませんか」という表現をドリル等で何度も練習し，その後で「作文の添削を日本人の知り合いに頼んでください」などというロールプレイを行わせ，そこで「作文を見てもらえませんか」という発話がスムーズに発せられたとしても，それは，その直前に「〜てもらえませんか」という表現を何度も練習していたから発話できただけのことであり，状況に即して瞬時に判断したことによって発話されたものではない。

　現在の話す教育の欠点を一言で言えば，学習者に「状況に即して瞬時に判断を行い，瞬時に反応する」という経験をさせていないということ，つまり，「出たとこ勝負」の経験をさせていないということである。「状況に即して瞬時に判断を行い，瞬時に反応する」という話す能力をつけるためには，やはり，「状況に即して瞬時に判断を行い，瞬時に反応する」という経験を積み重ねていくことが，最も重要である。

　そこで，「タスク先行型」の教え方を提案したい。「タスク先行型」の授業では，文法や表現の導入から始めるのではなく，学習者に実際にタスクを遂行させることから始める。学習者に，まずタスクを遂行させることによって，「状況に即して瞬時に判断を行い，瞬時

に反応する」という「出たとこ勝負」を経験させ，その後に，タスクを遂行するために必要となる文法や表現を導入するのである。

これまでは，教科書のその課の学習項目である文法や表現を先に導入し，それらを十分に練習させてから，定着確認のためにロールプレイなどのタスク活動を行わせるという「文法先行型」の教え方が行われてきた。しかし，それでは，学習者の「出たとこ勝負」的な能力を高めていくことはできない。「出たとこ勝負」の能力をつけさせるためには，やはり，「出たとこ勝負」の経験を積ませること，つまり，文法や表現を教える前にタスクを与え，実際に言語活動を行わせるという「タスク先行型」の教え方を行うことが不可欠である。

また，そもそも，文法とは，ただ何となく無目的に存在するものではなく，言語活動の遂行を支えるために存在するものである。だから，教えるべき文法項目とは，教師が決定するものではなく，学習者が行う言語活動のタイプによって，おのずと決まってくるものである。まず，学習者が行いうる言語活動をもとにして作成したタスクを学習者に課す。そして，そのタスクが遂行される際に必要となる文法こそが，教師が教えるべき文法である。

5. タスク先行型の教え方による文法の導入

5. では，かなり典型的な「タスク先行型」の教科書であると思われる山内博之(2000)から例を引き，「タスク先行型」の教え方を解説する。「タスク先行型」の教え方では，たとえば，次の(9)のようなタスクを課す。

(9) あなたはレストランで食事をしましたが，お金を払う時になって財布を持っていないことに気がつきました。店の人に事情を説明してください。

このタスクを中級ぐらいの学習者に実際に行わせてみると，次の(10)のような発話を行うことが非常に多い。

(10) すみません。財布を持ってきませんでした。

しかし，これでは，店の人に，財布を持ってくる気がなかったのかと思わせてしまう。そこで，しかるべき文法を導入するのである。この「財布を持ってきませんでした。」という発話は，次の(11)のように修正すると，店の人に財布を持ってくる気がなかったのかと

誤解されることはなくなる。

(11)　すみません。財布を持ってくるのを忘れました。

つまり，「〈動詞の普通形〉＋のを忘れました」という形と，その作り方のルールを学習者に教えればいいわけである。また，(10)の発話は，次の(12)のようにするとさらによくなる。

(12)　すみません。財布を持ってくるのを忘れてしまったみたいなんです。

重要なのは，「～てしまったみたいなんです」という部分である。「～てしまった」「～みたいだ」「～んです」のそれぞれの表現形式は，中級学習者にとっては，おそらく既習のものであり，ある程度使うこともできるのではないかと考えられるが，「～てしまったみたいなんです」というように，これら3つを組み合わせて使うことは，まだかなり困難なのであろう。

しかし，この「～てしまったみたいなんです」という複合した形式を用いることによって，まさに「しまった！」という気持ちと，自分自身のことであっても推量しなければならないような突然の出来事であったという当惑の気持ち，さらには，それらのことを聞き手に説明したいのだと考えている話者の心的態度とを，同時にうまく表すことができる。

「～てしまったみたいなんです」という形式は，「自分の過失によって招いた非常に不利な状況で言い訳をする」というタスクと相性がいいのではないかと思われる。たとえば，重要な書類をなくしてしまったという状況なら，次の(13)か(14)のように言えばよいであろう。

(13)　すみません。書類をなくしてしまったみたいなんです。

(14)　すみません。書類を間違って捨ててしまったみたいなんです。

ただ「なくしました」「間違って捨てました」と言うのとでは，聞き手に与える印象に大きな違いがある。また，大切な約束の時間に遅れてしまうという状況では，携帯電話で，次の(15)か(16)のように言えばよいであろう。

(15)　すみません。違う電車に乗ってしまったみたいなんです。

(16)　すみません。電車を間違えてしまったみたいなんです。

この場合も，ただ「違う電車に乗りました」「電車を間違えました」

と言うのとでは，聞き手に与える印象に大きな違いがある。

　この「〜てしまったみたいなんです」のような複合形式は，日本語学的な文法研究では，研究の対象になりにくいものである。なぜなら，「〜てしまったみたいなんです」の意味は，「てしまう」「た」「みたいだ」「のだ」「です」の意味の総和以上のものではないので，それぞれの意味を個々に研究すれば十分であると考えるからである。

　しかし，学習者にとっては，「てしまう」「た」「みたいだ」「のだ」「です」をしかるべき順序で結びつけるということは，決定的に重要なことである。なぜなら，自分の過失によって招いた非常に不利な状況で言い訳をしなければならない場面に遭遇してしまった時，「てしまう」「た」「みたいだ」「のだ」「です」を瞬時のうちに組み合わせて「〜てしまったみたいなんです」と言えるかどうかが，その状況を脱することができるか否かに大きな影響を与えるからである。

　「〜てしまったみたいなんです」という表現は，普通，教科書では取り上げられていないものであり，また，教師も教えようとはしていないものであろう。「タスク先行型」の教え方を行うと，このように，誰も気づいていない重要な表現を，学習者の言語活動の中から切り出してくることができるのである。

　もう1つ例を挙げる。今度は，(17)のような状況を想像していただきたい。

　　　(17)　待ち合わせ時間を勘違いして，Aは2時，Bは3時に約束の場所に行き，結局会うことができなかった。夜，腹を立てつつ，AがBに電話をかける。

このロールプレイを行わせた時によく見られる学習者同士の会話は，次の(18)のような，やや不自然なものである。

　　　(18)　A：待ち合わせは2時でした。
　　　　　　B：いえ，3時だと思います。

これらは，次の(19)のように修正すると，不自然さが消える。つまり，(20)のようなパターンの会話にすればいいわけである。

　　　(19)　A：待ち合わせは確か2時だったよね。
　　　　　　B：えっ，3時じゃなかった？
　　　(20)　A：確か（　　　　）よね？
　　　　　　B：えっ，（　　　　）じゃなかった？

(20)のパターンの発話は，「勘違い」によって起こった情報の

ギャップを埋めようとする時の最初の発話として，非常にふさわしいものである。会話をする二者のうちのどちらかが「勘違い」をしている可能性があり，そのことを話題にする場合には，(20)のパターンで会話を始めると，お互いの情報のギャップを埋めていきやすくなる。

たとえば，本の持ち主が誰なのかということで「勘違い」が起こった時は，次の(21)のように会話を始めればよい。

　　(21)　　A：その本，確か田中さんのだよね？
　　　　　　B：えっ，小林さんのじゃなかった？

また，アメリカの初代大統領が誰なのかということで「勘違い」が起こった時には，次の(22)のように会話を始めればよい。

　　(22)　　A：アメリカの初代大統領って，確かリンカーンだったよね？
　　　　　　B：えっ，ワシントンじゃなかった？

「よね」と「じゃなかった」は，確認要求表現と呼ばれるものであるが，「勘違いによって起こった情報のギャップを埋める」というタスクとは，非常に相性がいい。確認要求表現の体系を示したり，個々の確認要求表現の意味・用法を明らかにしたりということは，すでに日本語学で行われていることであるが，「よね」と「じゃなかった」のセットを，「勘違い」という状況と結びつけるということは，普通，日本語学では行わない。「よね」と「じゃなかった」のセットが，「勘違い」という状況と強く結びついているということは，日本語教師が「タスク先行型」の教え方を行うことによって，初めて明らかになることなのである。

ちなみに，学習者に課すタスクは，少し難しめのものにするべきである。なぜなら，少し難しいことに挑戦させる方が，「勝負」という度合いが強まるばかりでなく，それまでできなかった，少し難しいことができるようになるために必要な文法を洗い出すことができるからである。

6. タスク先行型の教え方による文法の定着

5. では，(9)と(17)のタスクを例にして，タスク遂行の際に必要となる文法や表現を導入することを説明した。具体的な内容は，以下のとおりである。「自分の過失によって招いた非常に不利な状況

で言い訳をする」というタスクを行わせた時には，たとえば，「〜てしまったみたいなんです」という表現を導入する。また，「勘違いによって起こった情報のギャップを埋める」というタスクを行わせた時には，たとえば，「確か（　　）よね？」「えっ，（　　）じゃなかった？」というようなパターンの表現を導入する。

　表現や文法を導入した後で，それらを定着させるために練習を行うわけであるが，その練習も，教師の発話をそのまま反復するようなドリルやパターンプラクティスではなく，「出たとこ勝負」的なものにするべきである。

　文法や表現を定着させるための「出たとこ勝負」的な練習方法の一例が，次に示す「場面を細分化した応答練習」である。具体的には，以下のような要領で行う。たとえば，(9)や(17)のようなタスクを遂行する際に行った会話の中から，重要だと思われる部分を取り出して，1つ1つの文が発せられる時の状況を，教師がキューとして提示する。学習者はその状況で発するのにふさわしいと思われる文を，瞬時のうちに考えて発話していく。次の(23)は，(9)のレストランでのタスクを遂行させた後で行う「場面を細分化した応答練習」の例である。

　　(23)　　教師　：財布がないことに気づいた時，何と言いますか？
　　　　　　学習者：あれっ，財布がない！
　　　　　　教師　：財布がないことを説明したい時，どう言います？
　　　　　　学習者：財布を持ってくるのを忘れてしまったみたいなんです…
　　　　　　教師　：店の人が「困りましたね〜」と言ったら，どう言いますか？
　　　　　　学習者：友だちに電話をして，お金を持って来てもらうことはできますが…

　同様に，(17)の，待ち合わせ時間の勘違いのタスクを行った後では，次の(24)のような練習を行えばよい。

　　(24)　　教師　：Aさんから電話がかかってきて，「今日，どうしたの？」と言われたら，何と言いますか？
　　　　　　学習者：どうしたのって，Aさんこそどうしたの？
　　　　　　教師　：「どうして来なかったの？」と言われたら，何と言いますか？

　　　　学習者：ちゃんと行ったよ。
　　　　教師　：「約束は確か2時だったよね？」と言われたら，
　　　　　　　　どう言いますか？
　　　　学習者：えっ，3時じゃなかった？
　大切なことは，たとえ1文を発話させるだけであっても，必ず「出たとこ勝負」を行わせるということである。

7. コミュニケーション上の挫折を避けるために

　話すという活動は「出たとこ勝負」的であるので，常に失敗がつきまとう。つまり，コミュニケーションがうまくいかなくなるということが，頻繁に起こり得るということである。これは，母語で話す時にも起こることであるが，外国語で話す時には，さらに起こりやすくなる。

　たとえば，5.で述べた，レストランでの会計の時の「財布を持ってきませんでした」という発話は，相手にわざと財布を持ってこなかったのかと思わせてしまう可能性があるため，この話者にとっては失敗である。また，この発話が引き金となって，コミュニケーションそのものに挫折してしまうことも十分に考えられる。

　このような時に，しかるべき表現や文法を導入することも大切なことであるが，しかし，それと同時に，挫折を起こさないようなコミュニケーション上の工夫をさせることも，非常に重要なことである。

　では，挫折を起こさない工夫とは，どのようなものなのであろうか。ここでは，会話の進行をコントロールすることによって，コミュニケーション上の挫折を避ける方法を紹介する。次の3つの方法を，以下，順に説明していく。

　　(25)　自分の発話を予測させる方法
　　(26)　相手に発話させやすくする方法
　　(27)　イニシアティブを維持する方法

　なお，次の(28)から(31)までの会話例は，ＯＰＩのロールプレイの中で実際に観察されたものである。ただし，「鈴木」「ムン」などの話者の名前は仮名であり，また，言いよどみのフィラーなど，多少カットした部分もある。

　最初に，(25)の「自分の発話を予測させる方法」について説明す

る。次の(28)の会話を見ていただきたい。この会話は，最後のムンさんのセリフのところが空欄になっているが，ここにどのような意味の文が入るか，それ以前のムンさんの発話から予測できるだろうか。

(28)　鈴木：もしもし，鈴木です
　　　ムン：あーはい，もしもしムンですけど
　　　鈴木：あっこんにちは，ムンさん
　　　ムン：あっあの，今晩，暇がありますか
　　　鈴木：あっはい，あいてますよー
　　　ムン：（　　　　　　　　　　）

空欄には，どこかに行かないか，あるいは，何かをしないかというような勧誘のことばが入るものと予測されるのではないだろうか。その予測のとおり，空欄の中に現れていたのは，次の(29)の勧誘のことばであった。

(29)　はい，あのー，一緒に料理作るのいいですか

この予測のポイントは，空欄の1つ前の「今晩，暇がありますか」というムンさんの発話にある。この発話によって，対話者である鈴木さんは，次に勧誘のことばが来るだろうということを予想し得たのではないだろうか。

また，ムンさんの「一緒に料理作るのいいですか」という発話自体は，決してわかりやすいものではない。この発話だけをいきなり聞かせたら，勧誘しているということが相手に伝わらない可能性が十分にある。しかし，「今晩，暇がありますか」という1つ前の発話によって，対話者は，次に勧誘のことばが来ると予測しているので，次の勧誘のことばが日本語として不完全であったとしても，発話者の意図は十分に伝わるのである。

次に，(26)の「相手に発話させやすくする方法」について説明する。次の(30)の会話を見ていただきたい。

(30)　鈴木　：ファンさん，今日，ちょっと時間がありますか
　　　ファン：えー，ありますけど
　　　鈴木　：ちょっと手伝ってもらいたいことがあるんですよ

この中のファンさんの「えー，ありますけど」という発話には，文末の「けど」が効いているためか，「えー，ありますけど，(何か？)」

というようなニュアンスが醸し出され，相手の次の発話を促す働きがあるように感じられる。単に「えー，あります」と言いきる場合とを比べてみると，違いがわかりやすい。ここでは，「えー，ありますけど」と述べて相手の発話を促すことによってターンの受け渡しをスムーズにし，コミュニケーション上の挫折を未然に防いでいるのではないかと考えられる。

　最後に，(27)の「イニシアティブを維持する方法」について説明する。次の(31)の会話を見ていただきたい。

　　(31)　鈴木：韓国はどちらからいらっしゃったんですか
　　　　　キム：あー，ソウルはご存じですよね
　　　　　鈴木：まあテレビで見るぐらいですが，はい
　　　　　キム：あのー，私のうちはあの，ソウルから，南に，バスに乗ってって，4時間ぐらいあの，行くんですけど，あのー名前はあのテグ，という，町なんです

　ポイントは，キムさんの「あー，ソウルはご存じですよね」という発話である。文末の「よね」が効いているためか，ここではイニシアティブを相手に譲らないんだ，一言話させたとしても，もう少し自分のイニシアティブを維持するんだという気持ちが相手にうまく伝わっているのではないかと思われる。鈴木さんも，その「ソウルはご存じですよね」という問いかけに対し，一言答えはするが，その一言だけで，すぐに相手にターンを返すというつもりで「まあテレビで見るぐらいですが，はい」と述べたのではないだろうか。

　以上，コミュニケーション上の挫折を未然に防ぐ方法として，「自分の発話を予測させる方法」，「相手に発話させやすくする方法」，「イニシアティブを維持する方法」の3つを見てきた。

　言語活動における挫折は，話す活動においてのみ起こることではなく，聞く，読む，書くという他の技能の活動においても起こり得ることである。しかし，話す活動においては，挫折への対処自体も，他の技能の活動よりも「出たとこ勝負」的である。瞬時に判断し，瞬時に行わなければならないし，ストラテジーが成功するか否かという振幅の度合いも，他の技能より大きいのではないかと思われる。したがって，このような方策の使用能力を身につけるためにも，やはり，「タスク先行型」の教え方が非常に有効であろう。

8. まとめ

この論文の前半部分である 2. と 3. では，主に「何を教えるか」ということについて述べた。その要点をまとめたものが，次の (32) と (33) である。

> (32) 現在初級で教えている文法項目の中には，中級学習者がほとんど使用していないものがある。話す教育を行う場合には，そのような項目をあえて教える必要はない。

> (33) 中級・上級・超級という習得段階ごとに，その段階を特徴づける，鍵となる表現があるので，話す教育を行う際には，そのような表現の存在も考慮に入れるべきである。

そして，後半部分である 4. から 7. では，主に「どう教えるか」ということについて述べた。その要点をまとめたものが，次の (34) から (37) である。

> (34) 話す能力，つまり，「状況に即して瞬時に判断を行い，瞬時に反応する」という「出たとこ勝負」的な能力を養成するためには，「まず文法項目ありき」の教育ではなく，先にタスクを行わせて，後から文法の導入を行う「タスク先行型」の教育を行うべきである。

> (35) 「タスク先行型」の教育を行うことによって，「出たとこ勝負」的な能力を育てることができるようになるだけでなく，学習者が本当に必要としている文法項目を発見し，導入することができるようにもなる。

> (36) 導入した文法を定着させるための練習方法も，「出たとこ勝負」という話す活動の特徴を考慮したものにすべきである。

> (37) 瞬時に行わなければならない話す活動には，失敗や挫折が付きものである。失敗や挫折を未然に防ぐ方策を学習者に身につけさせるためにも，「タスク先行型」の教育は非常に有効である。

前半部分の 2. と 3. では，統計的な手法を用いて，教えるべき文法項目が何であるのかを探った。しかし，統計的な手法によって浮かび上がってくる文法項目は，言語活動やタスクとは切り離されたものであるし，また，最大公約数的なものであって，個々の学習者の言語活動に対して目配りをしたものでもない。

2.と3.で示した文法項目は，学習者が話す能力を獲得していく際の核になるものであると思われるが，しかし，今後，言語活動やタスクとの関わりという観点からとらえなおしていく必要がある。一人一人の学習者の個々の言語活動を丹念に観察することから始めて，そこで必要とされる文法を1つずつ発見し，教えていく。それが話す教育の究極の姿であろう。

調査資料

『みんなの日本語 初級Ⅰ 本冊』，スリーエーネットワーク（編），スリーエーネットワーク，1998.

『みんなの日本語 初級Ⅱ 本冊』，スリーエーネットワーク（編），スリーエーネットワーク，1998.

ＫＹコーパス，鎌田修・山内博之，1999.〔問い合わせ先（山内博之）のメールアドレスは，hyamauch@univ.jissen.ac.jp。〕

引用文献

近藤みゆき(2001)「n-gram統計による語形の抽出と複合語－平安時代語の分析から－」『日本語学』20-9, pp.79-89, 明治書院.

牧野成一・鎌田修・山内博之・齊藤眞理子・荻原稚佳子・伊藤とく美・池﨑美代子・中島和子(2001)『ＡＣＴＦＬ－ＯＰＩ入門』アルク.

山内博之(2000)『ロールプレイで学ぶ中級から上級への日本語会話』アルク.

山内博之(2004)「語彙習得研究の方法－茶筌とＮグラム統計－」『第二言語としての日本語の習得研究』7, pp.141-162, 第二言語習得研究会.

山内博之(2005)「日本語教育における初級文法シラバスに関する一考察」『実践国文学』67, pp.1-11, 実践女子大学内・実践国文学会.

読むための日本語教育文法

宮谷敦美

1. この論文の内容

　「コミュニケーション」ということばから想起されるものと，聞く・話す・読む・書くという4技能との関係について考えると，「読む」は，「話す」「聞く」「書く」活動と比べて，もっとも「コミュニケーション」から縁遠い存在であるようなイメージがある。

　しかしそれは，これまでの「読む」教育が，コミュニケーションという視点から考えられてこなかったためである。あるいは，「話す」「聞く」「書く」などの他技能を向上させるための活動とともに「読む」教育が行われ，そこで行われる会話などのコミュニケーションが，「読む」教育の一部であるかのように誤解されてきたためである。本当の「読む」活動は，(1)のように捉えられるべきものである。

　　(1)　コミュニケーションのための読む活動とは，読んだものをもとに話し合うこと，たとえば「討論のブレーンストーミング」のように会話教育の前段階として「読む」ことではない。「読む」ことすなわち「内容理解」であり，それ自体が，情報の発信者である書き手とのコミュニケーションである。

　「書き手とのコミュニケーション」といっても，それは，文学作品の鑑賞で，行間を深く読ませて解釈させるような，大上段に構えた「筆者との対話」では決してない。読むものには，必ず書き手が読んでもらいたいと思う情報が含まれているのである。

　逆に言えば，そのような情報が含まれない，「無目的な内容」の読み物を読ませることは，学習者にとって有益とは言えない。しかし，これまでの教材は，情報を読み取らせることよりも，以下の(2)のように，その文章に含まれる文法項目や語彙を学習させることに指導の重点が置かれていた。これについては2.で説明する。

（2）これまでの「読む」教材は，文型積み上げ式の理念に沿った「無目的な文法」が含まれた素材集であり，文章中の文法・語彙を学習することが読解教育であると取り違えられてきた。

次に，(3)のように「読む」教育でこれまで一般的に行われてきた一連の活動が，コミュニケーションの観点から果たして妥当であったのかどうかについて議論する。これについては2.から5.で述べる。

（3）通常の授業でよく行われる「辞書代わりの語彙リスト」「背景知識の活性化」「範読」「音読」「精読」「内容要約」などは，すべて「コミュニケーションのための読む活動」とは関係ないもの，あるいは「読む」ことを阻害するものである。

（3）に挙げた諸要素のうち，「辞書代わりの語彙リスト」については2.で，「背景知識の活性化」については3.で，「範読」「音読」「内容要約」については4.で，「精読」については5.で詳しく述べる。

次に，「内容理解」とは，書き手の情報を読み手が再構築する作業であるという定義のもと，(4)のような「読む」ための文法項目を取り出す観点について，6.から8.で見ていく。

（4）「読む」ためには，語句の理解とともに，省略された情報を推測したり，表面に現れない書き手の意図を捉えたり，あるいは談話の展開を予測する能力も必要となる。それらの包括的な枠組みが「読む」ための文法である。

（4）に挙げた諸要素のうち，「省略された情報を推測する文法」については6.で，「書き手の意図を捉える文法」については7.で，「展開を予測する文法」については8.で，詳しく述べる。

そして9.では，「読む」力の一端である文字の教育について，新たな「読む」ための文法の視点から述べる。最後に10.で，まとめおよびこれからの教育に対する提言を行う。

2. 読解教材は文型確認用の素材ではない

学習者が日常生活において，何かを読んで理解しようとする際，文法力や語彙力が及ばず辞書を引くことはよくある。だが，教室で「読む」作業をさせる際には，その手間を省くために，なるべく既習の文型や語彙で構成された読み物を与え，未習語が含まれる場合は

辞書代わりの語彙リストをつけて対処することが多い。

文型積み上げ式の教科書，あるいはそれに連動した副教材では，いかに初級学習者の既習文型と既習語彙で読める作品を提示できるかが，教材開発の重要なポイントとなっている。たとえば，次の（5）のようなものが，その典型的な例である。

（5）　電子メールで
土井隆雄様
　　　お帰りなさい。宇宙は どうでしたか。船の 外は 怖くなかったですか。宇宙船の 中は 狭くて，いろいろな 機械がありますが，食事は 別の 部屋で するんですか。シャワーを 浴びる ことは できるんですか。宇宙は いつも 暗いですが，朝と 夜は どうやって わかるんですか。時間は 日本やアメリカの 時間じゃなくて，宇宙時間を 使うんですか。
　　　僕も 宇宙飛行士に なりたいんですが，どんな 勉強をしたら いいですか。教えて ください。
　　　　　　　　　　　　　（『みんなの日本語 初級Ⅱ 本冊』p.9）

しかし，（5）は，子どもが書いたメールという設定だとしても，かなり不自然な文章だという印象を受ける。その一因は，「〜んです」の多用であろう。この教材のこの課では，「〜んです」「〜んですか」「〜んですが，〜ていただけませんか」「〜んですが，〜たらいいですか」などを学習するのだが，（5）には，これらが数多く用いられている。

一般に文章を書く場合，同じ表現は避けられる傾向がある。しかし，初級教科書では，文法項目の用法を提示するために，同じ表現を繰り返すことが多い。このような読解用文章の作成者は，いかにその課で習う文型を余すところなく入れられるか，いかに数多く入れられるかということに心を砕いており，「読む」ための文法を教えるという，本来の目的を見失っているのではないだろうか。

中級以降でもこのような傾向は変わらない。初級の文型よりも大きな単位での表現の型や未習語彙を文章から取り出し，用法・意味を学習させることが指導の重点となっている。（6）は中・上級レベルの教材であるが，この教材では，文法項目として取りあげられるものに，最初から下線が引かれている。

（6）　日本人は買物民族である。例えばアンカレジ空港の変化

は象徴的だ。数年前まではアラスカの一寒村の待合室の感じで、エスキモーの民芸品が少し並べられていた(1)に過ぎなかったが、日本人のヨーロッパ旅行者の増加(2)とともに、急速に変化してきた。今では日本人の売子がたくさんいる。日本人は、ヨーロッパ旅行に向う(3)途中で、すでにみやげ品を買うのだ。[以下、省略]

(『生きた素材で学ぶ中級から上級への日本語』p.44)

中級以降では、文法項目の学習後に文章を読む、あるいは、文章を読んだ後、特定の文法項目の意味・用法を学習し、作文を書かせることが多い。(6)の教材にも、下線部の「重要表現」をもとに作文をする練習がある。生教材で読解を行う場合でも、学習すべき文法項目を取り出すための素材として文章が扱われることが多い。この場合の選定基準は、「日本語能力試験」の出題基準である。

つまりこれらの文章は、畠弘巳(1989)も指摘しているように、書き手が伝えようとしていることを読み取るためではなく、文型や語彙、あるいは文章の型の提示もしくは確認を目的として、文型指導のために用いられているのである。さらに言えば、ここで扱われている「文法」は、内容理解のために絶対に必要となる文法ではないし、読解能力を高めるために学習すべき文法でもない。「まず文法項目ありき」の姿勢でリストアップされた「無目的な文法」である。読むための文法とは何であるかを、もっと考えなければならない。

未知語がない状態にしてから読む作業に入る、あるいは、読むことに専念させるべく、ていねいな語彙リストを与えるということにも、問題がある。語彙リストを見ながら読む作業を進めるのは、「読む」の本来の姿である「一人で、自律的に読みとおす」力を失わせるものである。

無論、「この単語がわからないと、文章全体がまったくわからない」ときに辞書を使用することは、よくある。だが、まずリストを見てから文章を読むなどという「甘やかし」は、授業以外では行われない。日常生活では、わからない部分を飛ばして読んだり、なんとなく想像しながら読んだりすることのほうが、特に言語能力の低い読み手にとってははるかに重要な技術となるはずである。

3. 背景知識を活性化させることは必要か

　日本語の教室では，教科書やプリントなどの印刷物が教材として用いられることが多く，「読む」活動は非常に身近な教室活動である。そのため，教科書や文法説明書などを読むことが読解の一部であるかのような誤解を生じ，とりたてて練習をしなくても，何でもよいから読ませれば「読む」練習になるとする雰囲気さえあった。

　「コミュニケーションのための読む活動」という視点から再考した場合，日常生活で何かを読む際には，前段階としてまず何らかの状況があり，「これを読まないと不利益を受ける」などの動機，すなわち読むべき目的がある。それにより，どう読むか，どのように情報を得るかが変わってくる。たとえば，ポストに宅配便の不在通知が入っていたとして，それが何であるかがわかっていれば，「読む」べきものは電話番号と「品目」だけだと考え，行動することができる。

　しかし，これまでの教室活動では，その「読む」活動に対する必然性が無視されていることが多い。たとえば，先ほどの（4）のような，「子どもが宇宙飛行士に宛てたメールを読まなければならない状況」は，学習者の日常生活において，まずない。さらに言えば，（4）の「子どもが書いたメールである」という状況設定自体，この読解活動においては，「読む」という行動を終え，内容を理解した後で読み手が想像するという形でしか示されていないのである。これは，コミュニケーションの過程から考えると，まったく逆である。通常，何もない状況でいきなり「読む」作業を始めることはない。

　そこで，教室での読解活動では，学習者の動機を高める目的で，「背景知識の活性化」が行われることが多い。たとえば，お正月に関する読み物を読ませる際，読む前に，年中行事に関する予備知識，言語行動や関連語彙について確認することなどがこれにあたる。

　しかし「背景知識の活性化」は，本当の意味での「読む」活動には不要である。「読む」のは，「（背景）知識」を得るという目的があってのことであり，先に背景知識を活性化しすぎると，読むべき動機もなくなってしまう。日常，たとえば環境問題についての新聞記事を読む前に，インターネットや事典で「ダイオキシン」「オゾンホール」などの言葉を調べて，知識を得てから読むようなことはしない。知らない言葉にぶつかったら，前後の文脈から推測したり，飛ばしたりして，どうしても気になる場合にだけ後から調べるとい

う行動をとる。事前に背景知識を活性化させるようなことは，していないはずである。

　無論，「読む」ときには，すでに持っている知識は活性化されるものであるが，教室活動における「背景知識の活性化」は，その名の下に，未知語という障害，つまり文型をきちんと読み取ることを妨げる恐れがあるものをあらかじめ取り除き，教室内の学習者の共通理解を一気に一定のレベルに押し上げ，読解活動を教師の思うように進めようとする目的があるのではないだろうか。これは2.で述べた，既習知識のみで構成された文章を読ませる練習と同様，本来の「読む」活動とは言えない。

　そもそも，なぜ学習者がお正月についての知識を，「興味もないのに」わざわざ活性化させられなければならないのかという点に，教育する側はもっと意識をむけるべきなのである。これまでの「読む」題材は，日本の社会や文化に関する知識を増やす方向に重点をおいて日本事情的な説明文を読ませたり，あるいは，学習者を子ども扱いするべきではないという考えから，少々高尚な内容の文学作品を扱おうとする傾向があった。実は学習者は，そんなことには興味がないのではないか。だから無理やり背景知識を活性化しようとしても，それが「読む」動機へつながっていかないのではないか。

　生活においてもっと切実に「読む」必要があるメールや掲示物，あるいは誤解したら困るような題材を入れたほうがよい。携帯に入ってくる怪しげなメールや架空請求のメールと，大事なメールとを早く区別する練習もよい。趣味としての読み物である「日本事情」から，学習者の必要に応じた「読む活動」へと基本姿勢を転換し，「読んで，どうするのか」「何のために読むのか」を明確にする必要がある。

　そのためには，ある学習者が何を「読む」必要性に迫られているかを調査し，状況をリストアップするところから，教材開発を進めるべきである。これは学習者が置かれている環境やニーズにより大きく異なる。簡単なお知らせが読めれば十分で，社会的知識や教養知識は母語で得られる人もいる。一方，大学教育を受けるため，専門分野の文献を読む必要がある人もいる。ビジネス場面でメールや書類を読む必要がある人もいる。学習者一人一人が「読まなければならない」ものをまず知り，それにあわせた教材で教育を行うこと

が理想である。

4. 音読は「読む」力を高めない

　読解授業について，一般的にイメージされる作業手順は，次のようなものである。まず内容についての背景知識を活性化し，未習語や未習文型について学習したあと，音読し，精読して内容確認を行い，最後にまとめとして問いに答えたり要約をしたり，発展課題として同様の話題で作文をしたりするという一連の活動である。

　しかし，ここに挙げた活動は，どれもが，「コミュニケーションのための読む活動」のためのものではない。むしろ害のあるものばかりだと言える。これまでの「読む」教育は，本当に「読む」ための教育ではなく，まったく別のことをしていたのではないだろうか。「背景知識の活性化」の弊害に関しては，すでに3.で述べた。この4.では「範読」「音読」および「内容要約」について，次の5.では「精読」について議論していくことにする。

　たとえば，教師が朗読して，学習者に文字を目で追う作業をいっせいにさせる「範読」がある。これは学習者の理解を促進する目的で行われるというより，学習者に音読させるそのモデル発音を与えるために行われている感が強い。日常生活で，文字化資料とまったく同じ音声を聞きながら長文を目で追う作業をすることは，あまりない。教師が読む速さに合わせて目の動きを早めたり止めたりするよりも，各学習者の能力に応じた速度で黙読をするほうが，意味を理解するには明らかに有効である。

　次に音読であるが，これも，スピーチ大会以外で高度な朗読技術が要求されることは，まずない。発音させることでリズムやイントネーションなど，学習者の発音を向上させることを狙いとする教師もいるが，それは，「話す」練習であり，内容理解とは別の話である。

　音読が支持される理由として，(7)のような効用が主張されることがよくある。

　　(7)　音読は，日本語のリズムを体得するという点からは非常に重要となる。漢字の読み方を確認するのにも役立つ上，学習者がどの程度理解しているか知りたい時にも有効である。なぜなら，意味を理解していないとすらすら読むこと

はできないからである。初級から上級までレベルを問わず，構造のしっかりとした，いい文章を音読させたいものである。
　　　　　　　　　　　　　　　　　（村田年（1998：p.103））

　この「意味を理解していないとすらすら読むことはできない」ので音読が重要であるという主張は，しばしば曲解され，音読練習をしてすらすら読めるようになれば，理解も進むと言われることさえある。しかし，文字を音声化する作業自体は，意味を介さなくても可能であるし，また逆に，読めない漢字の熟語でも意味はわかるという例はいくらでも挙げられる。

　ちなみに音読支持派が，児童が小声を出しながら文章内容を理解しようとしている事例を挙げ，「未熟な読み手にとっては，音読した声が耳からの刺激となり，意味理解を助けることもあるのではないか」と言うことがある。これは「ツブヤキ」であって，教師や他の学習者に聞こえるように大声で朗読するのとは違う。できるだけ正しい発音を他人に聞かせようとすれば，内容理解に注意が向かなくなり，かえって「読む」ことの妨げになることは自明の理であろう。

　暗唱させることで語彙や文型の定着を狙う音読授業もあるが，それは内容を理解した後に行われる，「表現の暗記」という学習活動であり，「読む」ために音読をしているわけではない。ちなみに読解関係の研究論文における実験では，「読解力」を測定する実験と称して，実際には内容の「記憶力」を測るテストをしていることが多い。しかしその内容記憶に限っても，森敏昭（1980）の実験では，音読より黙読のほうが優位だという結果が出ている。

　結局のところ，音読は，学習者が漢字を読み間違えたらそれを指摘できるという，漢字の読み方教育の一環として，教師側の都合で行われている感が強いように思われる。

　次に，「内容要約」について，これは，理解したかどうかを測る作業として行われるが，洗練された要約技術向上のための練習は，「書く」練習であり，これも理解能力そのものを伸ばす練習ではない点に注意を要する。本当に理解したかどうかだけなら，漠然とした概念であってもよいわけで，それをきれいに整えて他人に示す能力までは要求しなくてよいのである。問題は，どのような方法で学習者が理解したかを確認するかという，その方法論の確立であろう。

　文章に出てきた文型や談話型を使った作文や，同様の話題による

作文などの発展練習に至っては，本当に「書く」活動以外のなにものでもない。

教師側には，読み物に関連する多様な活動をさせ，教室活動を活性化したい思惑があるのかもしれない。しかし，本当に「読んで理解する」能力を高めるのが授業の目的であるなら，そもそも「読む」で一斉授業を前提にするところから疑ってかからないといけない。日常生活における「読む」作業は，孤独な作業であり，学習者が自分ひとりの力で読んで情報を得ることを目的とした教育を行うべきである。

5. 精読中心の教育の弊害

次に，「精読」だが，これは文法指導と「読む」練習とを混同した考え方である。精読は，一文一文の語彙および文法知識の確認作業であって，日常の「読む」作業とはまったく異なる。

学習者はよく，「1つずつの語はわかるが，文の意味がわからない」「文の意味はわかるが，全体で何を言っているのかがわからない」と言う。だが，単に語彙や文型を増強するだけでは，「読む」能力は身につかない。逆に「1つずつの語は知らないが，文全体の意味はなんとなくわかる」能力を身につけさせるべきなのである。

たとえば，次の(8)を誤解して，(9)の意味にとった中級学習者がいる。
（8）　この町は桜が多いところから，「桜町」と呼ばれている。
　　　　　　　　　　　　　　　（『大学・大学院留学生の日本語1 読解編』p.82)
（9）　この町は桜が多い地域に住む人たちから，「桜町」と呼ばれている。

これは「～から…と呼ばれる」という受身文から「から」を抜き出し，残された「ところ」を場所の意味と考えたことで生じた誤りだと分析できる。このようなケースを想定して，精読授業では，「ところから」の意味を教え，類似の意味用法を持つ文法項目，たとえば「ことから」などと比較し，適切な文を作る練習などをさせることが多い。

しかしそれは，「ところから」が「書く」「話す」などの「使用レベル」で学習されることを目標とした教育である。使用のためには，当然，その語の意味を知っていなければならない。だが，理解のた

めの文法では，ある語の意味がわからなくても，自分の持てるその他の知識・能力をフルに活用して，なんとなく書き手が伝えたかったことが把握できればいいのである。

この例で言えば，「ところから」を知らなくても，前後の文脈から推測し，その自分の解釈が妥当かどうかを検証できればいい。つまり，（9）のような自分の解釈に対して，「「そう呼ぶ地域の人」の話が突然出てくるのは，流れから考えておかしい」と気づくことができる能力を養成することが，重要なのである。

この場合，「桜が多い地域の人たちが桜町と呼んでいる」なら，前後に必ずその「もう1つの桜が多い地域」のことが書いてあるはずだが，それがないとか，また，「通常そのような（勝手な）名づけが起こるとすれば，「桜が少ない地域」が「多い地域」を「桜町」と呼ぶなら話はわかる。しかし，なぜ桜が多い地域がわざわざ自分の地域をさしおいて他の地域を「桜町」と呼ぶのか，それは常識的におかしい」という推論もできる。もっと漠然としていてもよいが，そのような論理で，先ほどの自分の解釈は誤りだろうと考えることができる。

そして，「桜が多い」→「桜町と呼ばれる」という「因果関係」は，「ところから」以外の単語を知っていれば，常識的にわかる。「から」が因果を表すことに気づけば，「ところ」を無視して「この町は桜が多いから，「桜町」と呼ばれている」と同義だろうと考え，正解に至ることもできる。

このように，「ところ（から）」の局所的な意味にこだわりすぎないようにしつつ，文脈情報や文法情報から意味用法を吟味し，常識を働かせて文章全体の流れを捉える能力を伸ばすことが，自律的に「読む」力をつけさせるための教育である。そのためには，「ところから」の意味を知らなければこの文章は読めないという「まず文法項目ありき」の教育姿勢を改め，本当に「読む」ためにはどんな文法および推論過程が必要なのかを考えることである。

具体的には，読み間違えた箇所について，その理由を注意深く内省させる。そして，一人では正解に至らない場合は，教師が気づきの段階に応じたヒントを与える。あるいは，谷口すみ子（1991）の実践報告にあるように，学習者同士で読解過程を遡り，教えあわせたりする練習を行うのがよいと考えられる。

(8)の「ところから」の例とは逆に，連語の用法を知っていたがために，それが解釈の妨げとなる例もある。小林典子(2001a)には，次の(10)を(11)の意味に誤解した学習者の例が挙げられている。
　　(10)　（コンパの会場が）くつをぬぐところなら，穴のあいた靴下では恥ずかしい。　　　　（小林典子(2001a：p.74)）
　　(11)　（今から）くつをぬぐところなら，穴のあいた靴下では恥ずかしい。
　学習者は，「形容詞／形容動詞＋ところ」は場所，「動詞＋ところ」は時を指すという規則を当てはめ，「ぬぐところ」を「今からぬぐ」の意味だと考える傾向がある。なぜかというと，教科書でそのように教えているからである。小林はこれを基に(12)のように述べている。
　　(12)　学習者は狭い範囲に固定した方が理解しやすく覚えやすいらしい。文全体の意味から調整して文法を決めるのは苦手なようであり，それが習得を難しくしている。
　　　　　　　　　　　　　　　　　　　　　　（小林典子(2001a：p.74)）
　この本の「コミュニケーションのための日本語教育文法の設計図」（野田尚史），「日本語学的文法から独立した日本語教育文法」（白川博之）や「コミュニケーション能力を高める日本語教育文法」（フォード丹羽順子）でも言及されているように，これまでの教材は，学習者の負担を減らそうという配慮から，形式が同じものをまとめて教え，文法規則を単純化して示そうとする傾向がある。これは，1つの形式がさまざまに使えるという，使用での効率性に着目した発想だが，理解においては，その「補いあうように分布する」規則は学習者の推論を妨げる危険がある。そして，既習文型を当てはめて読解を進めるボトムアップ型の読み方ばかりを強化する危険性もある。
　「読む」能力とは，「可能性のあるいくつかの意味を特定するための手がかりを前後の情報から探し，推論し，検証する」能力である。そのためには，たとえば，ことばの単位を変えながら自分の推論を検証する能力を高める指導も必要となる。この「検証する」段階において「読む」は「聞く」よりも時間上の制約がない分，有利である。

6. 省略された情報を推測する文法

　自然な文章では，省略がよく起こる。学習者が「書く」場合，省略がない文章は，多少不自然であっても，意味は通じる。つまりできなくても困ることはない。だが，理解の場合は，省略された情報を推測できなければ，意味が取れない。たとえば学習者は，(13)(14)で省略されている人物が誰なのかが，なかなかわからないことが多い。

　　　(13)　教えてあげたら，よろこんだ。
　　　(14)　お返事をくれたら，ありがたい。

　(13)のような例に対し，小林典子(2001b)は，「〜たら」「〜と」の過去の文（事実的条件）の場合，従属節のほうに「私」により近い立場が置かれることが多いと述べている。

　さらに，「あげる」の主語が省略されているときは，「(井上さんは)山内さんに肉まんをあげた」のような第三者より，「(私は)山内さんに…」のように「私」となることが多いため，(15)の「あげたら」では，ほぼ確実に従属節の主語は「私」，主節は「私」以外になる。

　　　(15)　持参したチマ・チョゴリを女生徒に着せてあげたら好評
　　　　　　でしたね。　　　　　　　　　　　（『朝日新聞』2002.8.23）

　一方「くれたら」は，事実的条件の過去の文よりも，(16)の「〜てくれたらうれしい」「〜てくれたらいい」「〜てくれたら最高」のように書き手の希望を表すことが多いため，主節の主語は「私」，従属節は「私」以外になる。

　　　(16)　チームが勝つのが一番，特に投手が結果を残してくれた
　　　　　　らうれしい。　　　　　　　　　　（『朝日新聞』2002.8.13）

　(17)は，携帯メールに書かれていたもので，読み手である学習者が「いい経験をした」ことを書き手が「うれしく」思っている文である。「〜てもらう」があることで省略された情報がわかる。

　　　(17)　いい経験をしてもらえて，うれしいです。

　やりもらいについては，上級レベルであっても，「プレゼントをもらう」や「日本語を教えてもらう」のような基本的用法しか知らない学習者が多い。やりもらいの指導は使用能力中心で，主語と動詞を一致させることに重点が置かれるが，「読む」の指導では，省略された人物の復元の手がかりとしてやりもらいを捉える力が重要である。授受表現のほか，受身，使役等の文法項目も，省略された情

報を補うための標識だという観点から，もっと積極的に教えるべきである。

省略を「読む」練習としては，(18)(19)のようなものが考えられる。

(18) 子どもたちに喜んでもらえて，うれしい。
・喜んだのは（a.子どもたち　b.書いた人　c.読んだ人）
・うれしいのは（a.子どもたち　b.書いた人　c.読んだ人）
(19) 開発に反対するグループが，市役所の声を聞いてくれた。
・聞いたのは（a.開発反対グループの人　b.市役所の人　c.書いた人）
・この文を書いた人は（a.開発反対グループの人に近い気持ち　b.市役所の人に近い気持ち　c.開発反対グループとも市役所とも違う気持ち）

7. 書き手の意図を捉える文法

「読む」ための文法では，書き手が何を評価しているか，どう考えているかを捉えるのに必要な項目を取り入れなければならない。たとえば食事の場所を提案するメールに対し，(20)(21)のような返事が来たら，(20)は断り，(21)はＯＫだろうと予想できる。書き手の主張が逆接の接続詞の後に置かれ，次に来る文に連鎖するためである。

(20) ああ，あの店はおいしいけど高いよ。
(21) ああ，あの店は高いけどおいしいよ。

このような論理は，言語によらず共通するものがある。しかし，母語ではこのような論理で考えられても，第二言語になると「常識」がうまく活用できなくなる学習者もいる。(20)(21)の言外の意味がわからない学習者に対しては，母語で同じことを表現したら，次はどんな展開になるかを考えさせるとよい。

「読む」ことでさらに重要となるのは，単文レベルでのマーカーに関する知識よりも，さらに大きな単位である談話構造で書き手の意図を捉えること，たとえば手紙やメールを読み，何が期待されているのか，その意図を正確に読み取ることである。

たとえば(22)は，発表会に関するお知らせに対する返信メールだが，これを読ませて，「よしこさんが伝えたいことは何か。どんな返事を期待しているか」と聞くと，日本語母語話者は「早く帰って

もいいかどうか教えてほしい」と答えるが，学習者は，「詳しい情報を教えてほしい」とか「27日了解した」と答えることがある。

(22)　宮谷さん
　　　　メールありがとう。27日の件，了解しました。
　　　　1:30から5:00までいる必要あるのかな。
　　　　できるなら早めに帰りたいんだけど。
　　　　発表時間，プログラムの内容など，またわかれば知らせてください。
　　　　よしこ

　説明文における中心文，すなわち筆者の主張・結論は，文章の末尾，あるいは冒頭に置かれることが多い。学習者がそのようなストラテジーを用いて，最後あるいは最初の一文がこのメールの要点であると捉えることにも，理がある。しかし，ある程度長いメールなどの手紙文では，人間関係を良好に保つため，いきなり主張や依頼から始めたり，あるいはそれで文章を終わらせることをせず，「あいさつ」的な文を付すことが多い。説明文用のストラテジーを用いると裏目に出る危険性がある。文体にあわせたストラテジー使用が大切である。

8. 展開を予測する文法

　予測は，理解能力である「読む」「聞く」双方に必要だが，時間的余裕がなく，即時的処理が要求される「聞く」に比べ，書かれたものを何度でも読み返せる「読む」では，予測の重要性も低いといわれる。

　しかし予測能力は，談話単位で論旨を把握する能力につながることから，「読む」においてもやはり重要である。読み手は，題や小見出し，そして文章中の副詞，接続表現，論理の型などのさまざまな要素を手がかりに，論理関係を整理し，展開を予測し，修正しながら文章を読み進めている。たとえば，「風邪薬は有効か？」という見出しがあったら，「有効でない」という方向の結論になると予測できる。

　また，文章の書き出しに「最近，携帯電話を使う人が増えてきています」とあれば，その後は「携帯マナーの悪さについて」「コミュニケーション不全について」などの，否定的な内容が続くと予測で

きる。これは，意見文が何か問題を提起する性質の文章だからというのが大きな理由だが，そこには，携帯電話そのものが問題視されることが多いという大前提，社会通念がある。

　これが「最近，高齢者で携帯電話を使う人が増えてきています」であれば，「公衆電話が少なくなったためでしょう」あるいは「簡単に使える機種が増えてきたためでしょう」などの文が続き，その後の文章で，高齢者に対して批判的な文章が展開すると予測する人は少ない。「多くの高齢者にとって携帯電話は使いにくいもののはずなのに，それが増えてきているのには，何らかの理由／背景があるのだろう」という推論がはたらくためである。

　さらに，エッセイ風の文章で，「最近，着物の着付けを習う人が増えてきています」のような，「失われつつある伝統芸能・古い慣習」に関する内容であれば，「これは喜ばしいことです」などの肯定的な展開しか予測されない。

　次の(23)のような書き出しであればどうであろうか。

　　(23)　子供の自由な時間は以前より多くなっている。これは…
　　　　　（『大学・大学院留学生の日本語1 読解編』p.82）

この場合，解釈としては，(24)(25)どちらの予測も可能である。

　　(24)　「これはよいことだ」「これは望ましくないことだ」のように，書き手の評価を表す文が来る。
　　(25)　「これは，あまり塾に行かなくなったからだ」「これは，土曜日の休みが増えたためである」のような理由の文が来る。

しかし意見文では，(25)のような展開になることが多い。これに関して，(25)のような展開を予測したある上級学習者は，「変なstatementの後は理由が来ると思う」という興味深い根拠を挙げていた。このような，学習者が経験的に使っている読解ストラテジーを深く調べることで，効果的な指導法が追究できる可能性がある。

　次に，接続詞「しかし」「ところが」の違いについて考えてみたい。

　　(26)　言葉の役割とは何だろうか。まずあげられるのは，「言葉は情報を伝える手段である」ということだろう。我々は，音声や文字で表された言葉によって情報を伝え，情報を得ている。だが，言葉の役割はそれだけではない。[中略] つまり，言葉が色を区切っているのである。

言葉の最も重要な役割は，このように，ものを認識する手段だということである。ふだん我々は，自由にものを考え，話していると思っている。しかし，実はそうではない。我々は言葉によってものを考え，また感じているのである。つまり，言葉は我々の考え方や感じ方，すなわち，認識のしかたを規定しているのである。

『大学・大学院留学生の日本語1 読解編』p.11

(27) 　金田一春彦の『日本語』によると，フランス語は1000語覚えると，日常の会話は83.5％が理解できるという。ところが，日本語は1000語を覚えても，日常会話は60％しか，理解できないらしい。

『日本語の表現技術―読解と表現―初級後半』p.5

(26)の「しかし」の後には，筆者の主張が来ている。一方，(27)の「ところが」の後には，対比される例が来ている。浜田麻里(1995)が指摘しているように，ここから，「しかし」の後には筆者の主張が書いてある場合が多いので注意して読めと指導することが可能である。必ずしも常に「しかし」の後に筆者の主張があるわけではないが，傾向が高いのであれば，確率的な情報として教えることは有益である。

9. ひらがな，カタカナ，漢字の優先順位

ここでは，文字教育について考えてみたい。初級ゼロスターターの学習者に日本語の文字を教える際，通常は，まずひらがなをすべて教え，次にカタカナをすべて教え，あとは課ごとの必要に応じて漢字を少しずつ教えていくという方法をとる。場合によってはカタカナも課ごとに小出しにする方法をとることもある。

しかし，「使用」ではなく「理解」のレベルで文字教育を考えた場合は，内容語を表す漢字やカタカナのほうが，文法関係を表す付属語に用いられるひらがなよりも優先度が高いという考え方もできる。

たとえば(28)は，「お知らせ」からひらがなをすべて取り去ったものを見て，何が書いてあるか考えるタスクである。

(28) 　10月1日（土曜日）　　学生ホール　　日本語スピーチコンテスト　　行　　時間　　午後1:00～3:00　　出場者　　初級　　10名　　中・上級　　15名　　商品　　一位

日本往復航空券　　二位　　ワープロ　　三位　　図書券
　　応募締切り　　8月31日　　興味　　人　　留学生オフィ
　　ス　連絡　　（『中・上級者のための速読の日本語』p.11）
　これを見れば，(29)のような原文を再構築することが容易にでき
る。
　　(29)　10月1日（土曜日），学生ホールで日本語スピーチコン
　　　　テストを行います。[中略]興味がある人は，留学生オフィ
　　　　スまで連絡してください。
　このように「文法」ぬきで，「語彙」の連鎖だけで内容理解に至
ることは，実生活において多くの局面で行っていると考えられる。
(29)を「書く」ほどの文法力がない学習者に対してであれば，これ
らの語の意味を与え，理解の確認は母語で行うという練習方法も考
えられる。
　単語レベルでの理解であっても，たとえば，日本に滞在する学習
者の場合であれば，サバイバル的に必要なカタカナや漢字を教え，
ひらがなは後回しにするという考え方ができる。
　日本で初めて買い物をした際，豆腐をチーズと勘違いして買って
帰り，食べた後でもこれはちょっと変わった日本風のチーズなんだ
と思いこみ，そのうちに豆腐の魅力にはまったという学習者の話が
ある。これは笑い話で済んだわけだが，宗教上の理由で牛肉が食べ
られない学習者の場合であれば，成分表示の「牛肉」が読めること
は，かなり緊急性が高い。豆腐の場合なら，「品名」の「チーズ」と
いうカタカナが読めていれば，漢字「豆腐」が読めなくとも，ひと
まずチーズではないと判断することが可能であったわけである。
　その意味では，漢字の教育を語彙教育の一部であるとみなし，漢
字系学習者の母語の知識を積極的に活用する「字音の変換ストラテ
ジー」を取り入れる可能性について考えるのと同様，カタカナの学
習でも，英語等の知識を活用して日本の英語外来語の語形から元の
綴りに変換するルールを，ストラテジーの一種として指導する価値
があるかもしれない。
　国立国語研究所(1990)には，英語の語形から日本語化されたカタ
カナを綴るためのルールがあるが，これは「書く」ためのルールで
ある。「読む」ための，カタカナ→英語の変換ルールは，その逆過程
であり，たとえばラ行が「r」と「l」のどちらになるのかなど，1つ

の日本語音に対する変換候補が複数にわたるものが多いため，完璧なルールを見出すことが難しい。しかし，教育における可能性を考える上での基礎的研究として，ぜひ必要となるものであろう。

10. まとめ

　以上，これまでの「読む」教育の問題点を指摘し，(30)から(33)のように，本当の「読む」過程から文法を考える必要があることを主張してきた。

  (30)　「読む」ための教材は，文法や語彙の素材集ではない。既習文法・既習語彙のみで構成された文章を読むのではなく，わからない部分を想像しながら読むことが，日常生活では重要な技術となる。そのための推論の練習をすべきである。

  (31)　「背景知識の活性化」「辞書代わりの語彙リスト」「範読」「音読」「精読という名の文型指導」「要約などの内容確認」などは，すべて「コミュニケーションのための読む活動」を阻害するものである。教室における読解では，まず，「読む」必然性につながる場面・状況を理解させ，目的を設定することから始めるべきである。

  (32)　「読む」のに必要なのは，語や文の情報から選択可能な意味を頭の中にリストアップし，証拠を探しつつその可能性を絞り込み，他の可能性を排除する能力である。読解過程でつまずいたら，読み間違えた理由を深く内省させることが重要である。一人では正解に至らない場合は，教師が気づきの段階に応じたヒントを与えたり，学習者同士で読解過程を遡り，教えあわせたりする練習を行うのがよい。

  (33)　語句の理解とともに，省略された情報を推測したり，表面に現れない書き手の意図，真意を捉えたり，談話の展開を予測する能力も必要となる。それらの総括的な枠組みが「読む」ための文法である。学習者ストラテジーの観察も有用である。

　これまでの教室活動は，本当の「読む」という主作業がほとんどなく，「前作業」と「後作業」だけが充実していた活動であったとも言える。そのような儀式化した読解授業を批判的に検討し，「読む」ために本当に必要なことは何なのかを考え，「文法」を再構築する

必要がある。そうして，これまでの狭い意味での文法には含まれなかった，語彙力，推論結果検証のための論理的思考力，「絶対」ではない傾向を利用するストラテジー能力なども含めた，新しい「読むための日本語教育文法」を築き上げていく必要があると考えられる。

調査資料

『朝日新聞』，朝日新聞記事データベース「聞蔵(きくぞう)」(http://dna.asahi.com/)

『生きた素材で学ぶ中級から上級への日本語』，鎌田修・椙本総子・冨山佳子・宮谷敦美・山本真知子，The Japan Times，1998．

『大学・大学院留学生の日本語1 読解編』，アカデミック・ジャパニーズ研究会（編著），アルク，2001．

『中・上級者のための速読の日本語』，岡まゆみ（著），三浦昭（監修），The Japan Times，1998．

『日本語の表現技術—読解と表現—初級後半』，倉八順子，古今書院，1999．

『みんなの日本語 初級Ⅱ 本冊』，スリーエーネットワーク（編），スリーエーネットワーク，1998．

引用文献

国立国語研究所（カッケンブッシュ寛子・大曾美恵子）(1990)『日本語教育指導参考書16 外来語の形成とその教育』文化庁．

小林典子(2001a)「誤用の隠れた原因」野田尚史・迫田久美子・渋谷勝己・小林典子『日本語学習者の文法習得』pp.63-81，大修館書店．

小林典子(2001b)「条件文と述語のコントロール性」『文藝言語研究 言語篇』39，pp.61-71，筑波大学．

谷口すみ子(1991)「思考過程を出し合う読解授業：学習者ストラテジーの観察」『日本語教育』75，pp.37-50，日本語教育学会．

畠弘巳(1989)「読解教育における文法の役割」『日本語学』8-10，pp.94-105，明治書院．

浜田麻里(1995)「トコロガとシカシ：逆接接続語と談話の類型」『日本語教育論集 世界の日本語教育』5，pp.193-207，国際交流基金日本語国際センター．

村田年(1998)「読むことの指導」姫野昌子・小林幸江・金子比呂子・小宮千鶴子・村田年『ここからはじまる日本語教育』pp.87-104，ひつじ書房．

森敏昭(1980)「文章記憶に及ぼす黙読と音読の効果」『教育心理学研究』2，pp.57-61，日本教育心理学会．

書くための日本語教育文法

由井紀久子

1. この論文の内容

　「書く」ための日本語教材は，仮名や漢字の練習帳を除いても，初級から超級までさまざまなものがあり，非常に充実しているように見える。しかし，その内容について見てみると，実生活のための「コミュニケーションのための書く教材」は少なく，(1)のように両極化している。

　　（1）「書く」ための教材には，次の2つが多い。1つは，初級文型の定着を目的とした副教材，もう1つは，要約文や論文・レポートを書く上級・超級学習者向けの教材である。どちらも，実生活上の「書く」活動には直結していない。

　留学生にとっては，論文を書く技能を伸ばすことも確かに重要であるし，論文もコミュニケーションの一形態である。しかしここでは，そのような「エリート日本語学習者」のための要約文や意見文の文章構成や，論文やレポートの表現に関する諸問題は扱わない。多くの学習者が日常もっとも書く必要に迫られている「コミュニケーションのための書く活動」について述べる。

　学習者が日本語で「書く」練習と言えば，いわゆる「作文」が主に担ってきた。特定のテーマを学習者に与え，それについて書かせて教師が添削して返すという教室活動である。

　しかし，話すのが上級になった学習者でも，簡単なメモ1つとってみても十分に書けているとは限らない。文法や語法上の変な間違いがあったり，何か失礼な印象を受けるような文であったりすることは多くの日本語教師が経験していることであろう。

　いわゆる「作文」と，伝言メモなどの実生活上での文章の違いとして，前者は具体的な目的がないのに対し，後者は何かを伝えると

いう特定の目的や、その場固有の相手や媒体などを含んだ実際的な「場面」があることがあげられる。コミュニケーションのための書く活動を考えるとき、必要な文法は何か、また、それはどのように考えていくべきかを、ここでは考えていく。

次の4点が主に指摘したいことである。(2)については2.で、(3)については3.で、(4)については4.で、(5)については5.で、それぞれ取り上げる。

(2) 作文で重視する「正確さ」は、日本語学的な「無目的な文法」中心の考えに基づくものである。これまでの作文教育では、具体的な「場面」を考慮することが欠けており、本当に必要な文法項目についての議論があまりなかった。

(3) 上の(2)で述べたように「場面」を考慮していないことで、学習者は不適切な文を書くことがある。特に、相手や媒体に応じて「書く」という社会言語能力を重視したストラテジーの使用が、コミュニケーションのために必要である。

(4) 上の(3)で述べた社会言語能力、特に適切な敬意表現の使用は、メールを書く際、必要不可欠である。話しことばの文体を書きことばに単純に書き換えたり、「無目的な文法」を具体的な場面に「応用」したりするだけではなく、まずは、話すための文法と書くための文法の違いについて考えなければならない。

(5) 上の(4)で述べた、適切な敬意表現だけでなく、相手が必要とする情報を適切に示すための「情報伝達能力」の養成も重要である。

次に、メモやメール、チラシといった媒体において何がどのように重要となるのかを、依頼の機能にそって具体的に見直していく。(6)については6.で、(7)については7.で、(8)については8.で、(9)については9.でそれぞれ取り上げる。

(6) 伝言メモに必要な敬意表現の文法知識と情報伝達能力とは何かについて、新たな視点から考えるべきである。

(7) 依頼などのメールで読み手が「カチン」と来ないようにするにはどうしたらいいかを考えるべきである。

(8) メール、ポスター、チラシなどの媒体の持つ機能と表現機能について考えるべきである。たとえばメールで依頼を

するなら，依頼表現や談話の切り出し方などだけでなく，適切な「件名」により内容を予測させることなども考えるべきことである。
(9) 奨学金申請書類における「自己紹介」などの「無目的ではない作文」においては，書き手としての自分を読み手にアピールするにはどのように書けば効果的かを考えなければならない。

最後に，10. において，書くための日本語教育文法の目指すべき方向について述べる。

2. これまでの作文教育の問題点

この本の「読むための日本語教育文法」（宮谷敦美）で，これまでの「読む」教材は，文型の導入・確認に用いられる傾向があったと述べられているが，「書く」教材も同様に，日本語学的な視点で選ばれた文型を，作文活動を通じて定着させることを目的としているものが多い。初級でよく用いられるテーマ，「わたしの国」や「わたしの夢」を，(10)と(11)に示す。

(10) わたしの国はインドネシアです。
インドネシアに，スマトラやボルネオやジャワなど，島がたくさんあります。[中略]
インドネシアはとてもいい所です。皆さん，遊びに来てください。　（『みんなの日本語初級 やさしい作文』p.15）
(11) わたしは今，日本のアニメの専門学校に入るために，日本語を勉強しています。[中略]
高校を卒業してから，友達はみんな大学へ行ったり，会社で働いたりしました。でも，わたしは日本の新しいアニメの技術を習いたいと思ったので，お金を貯めて，日本へ来たのです。
それで今，大阪の日本語学校で毎日日本語を勉強しています。
わたしは将来，ほんとうにアニメの仕事ができるかどうか，わかりませんが，頑張ってみようと思っています。

（『みんなの日本語初級 やさしい作文』p.75）

これらは，既習文型の応用練習として学習者に与えられる課題で

ある。たとえば(10)は、新出文型「〜は〜です」と既出文型「〜に〜があります」などを用いて作文をすることが期待されており、(11)は、目的を表す「〜ために、〜」や理由を表す「〜ので、〜のです」、および将来の計画を表す「〜と思っています」などの文型の運用練習として位置づけられている。

　上記の教材に限らず、文型と作文を結びつけた多くの教材には、存在文の「〜に〜が〜(て)あります」であれば「わたしの部屋」、受身文の「〜に〜(ら)れました」であれば「ついてない一日」、条件文の「〜と」であれば「機器の使い方のマニュアル」など、定番とも言える、各文法項目が用いられやすいテーマが数多く用意されている。

　日本語教師はそのような指導に慣れてしまっていて、学習者がその文型を用いずに課題を遂行すれば減点したり、先回りして、「「〜たあとで」を使って料理の手順を書いてください」のように特定の文型を使うことを強要して作文を行わせたりする。

　しかしながらこの過程は、コミュニケーションという観点から言えば、正反対である。なぜ学習者が不幸な経験を書き連ねなければならないのか、なぜマニュアルを書かなければならないのかという、それを書くべき目的が無視されている。一見、書くテーマを与えて自由に作文させているように見えるが、文法項目の定着を目的としている以外は、まったく無目的な作文活動を行わせていると言える。

　この本の「聞くための日本語教育文法」(松崎寛)や「話すための日本語教育文法」(山内博之)でも述べられているように、学習者は日常のコミュニケーションにおいて、「今からテイルを使おう」と考えて会話をするわけではない。「書く」においても、作文であれば、まず何か表現したいことがあって、それが思ったように書けない場合、そのために必要な「文法」を学びたいと思うのが本来の流れである。

　特定の文型の定着を目的としない作文では、とりあえずなんでもいいからテーマを与え、表現に誤りがあれば、その都度訂正することもある。テーマがないときは、日記を書かせることも多い。(12)は、絵日記のモデル文として提示されているものである。

　(12)　1月31日（金曜日）　雨
　　　　今日は雨です。午前はクラスがありません。わたしは10時に起きました。それから図書館へ行って、コンピュー

ターの雑誌を読みました。午後，日本語のクラスに行きましたが，先生の日本語があまりよくわかりませんでした。きのう，よく勉強しなかったのです。わたしはいい学生じゃありません。

(『<日本語>作文とスピーチのレッスン』p.16)

　だが，成人に絵日記を書かせる必然性があるのか。日記という一人語りの文章中で「です」「ます」を用いたり，「わたしは」を明示したり，説明の「〜のです」を使ったりすることに問題はないのか。公開を前提としたウェブ日記でもなければ，ありえないことである。そもそも外国語で日記を書く動機は，どれぐらいあるのか。少なくとも，日本語で日記が書けないため生活に支障を来たすようなことはない。

3. 言語中心の教育から場面中心の教育へ

　2.で見たように，これまでの作文は，文型の応用練習，原稿用紙の使い方，段落の作り方や談話構成，手紙の書式，話しことばと書きことばの文体差などの指導が中心であり，「書いて，伝える」力をつけるためのものではなかった。「コミュニケーションのための書く教育」においてまず重視すべきは，だれが，だれに，どんな目的で「書く」のかという設定をきちんと理解させることである。(10)から(12)には，それがない。

　もっと実生活で書く必要に迫られる，メモやメールなどを取り上げるべきではないだろうか。たとえば，「目上の人に電話があったことを伝えるメモを書く」という場面であれば，例として，(13)のようなものが考えられる。

(13)　山田先生　4月8日　午後5時
　　　林様から，4月15日のミーティングの件で，
　　　電話がありました。折り返し，
　　　お電話いただきたいとのことです。

リー
(『らくらく日本語ライティング』p.10)

　動詞の導入で「電話をかける」「電話(を)する」は，初級の早い段階で提示される。しかし，「〜から電話がある」はどれほどの学習者がすぐに思いつくだろうか。メモによる伝言という文脈では，「事

実の報告」の機能が焦点化される。

　これまでの教育では，「まず文法項目ありき」の考えで，「〜そうだ」「〜と言った」などを教えたいと考え，それが使えそうな場面として「伝言メモを書く」を持ち出すという手順で，教える内容が決められていた。しかしこれでは，実際の伝言メモによく用いられる「〜とのこと」という文法項目が抜け落ちるし，「電話があった」に関しても学習することがないため，学習者は(14)から(16)のような不自然な伝言メモを書くことになる。

　　(14)　林さんが5時に電話をかけました。
　　(15)　林さんが5時に電話をしました。
　　(16)　林さんが5時に電話をくれました。

　このうちの(14)と(15)は，「コミュニケーションのための日本語教育文法の設計図」(野田尚史)でも述べられているように，電話の伝言メモであるという文脈の助けがなければ，「電話がかかってきた」の意味には取ってもらえない可能性がある。つまり，これはコミュニケーションにおいて重視すべき誤りである。

　実際のコミュニケーションは，具体的な「場面」を伴っている。つまり，ある時間に，ある場所で，ある人が，ある目的のために，ある媒体で，ある人に宛てて書くという個別的・特定的な場面の中で言語活動が行われる。

　これまでの作文教育が，「書く」コミュニケーションが持つ「場面性」を欠いて行われてきたということは，対人上の配慮に関する意識化も不十分になってしまうことにもつながる。学習者が実生活上で書いた文章に現れる不自然な日本語を生むもとには，作文で，コミュニケーション上の場面性について十分練習できていないことがある。

　実は，この相手や媒体に応じた内容の選択というのが，「書く」教育においてはもっとも重要なのである。これは大学の留学生やビジネスパーソンに限らず，地域における日本語教育でも同じである。たとえば，日本のある農村社会に暮らすフィリピン人女性に聞き取り調査をした際，彼女らが揃って言っていたのは，「保育所や幼稚園の連絡帳が書けない」ということであった。この「書けない」についてさらに聞くと，自分の子どもの先生にどの程度の丁寧さ（文体レベル）で書けばいいのかがわからないという話であった。

4. コミュニケーションにおける「書く」と「話す」の違い

　媒体について言えば，近年では，携帯電話やパソコンの普及とともに，学習者も日本語でメールを書く場面が増えてきている。おそらくもっとも多い「書く」活動は，メールを「打つ」ことであろう。

　日本に滞在する学習者だけでなく，海外の学習者もメールを書く機会は多くある。既知の友人・知人に宛てて書くだけでなく，ホームページに掲載されている見ず知らずの相手のアドレスにメールを送ったり，掲示板に書き込んだり，チャットをしたりすることもあるだろう。

　メールの文章は，話しことばに近いとよく言われる。しかし，(17)のように，話しことばをそのままメールの本文にすると違和感があるものもある。

　　(17)　（依頼のメールで）
　　　　　○○先生！こんにちは！[中略]
　　　　　よろしくお願いします！

　学習者も，親しい人にはあまり固くない表現，まったく知らない人や目上の人にはフォーマルな表現が好まれるということはよく知っている。これは，話しことばならいい，メールだからだめという単純な問題ではなく，「読み手である○○先生が依頼文としてそれを読んでどのような気持ちになるか」を感じ，文体をうまく調整することができなかったことが，問題なのである。「！」の多用も，友人同士のメール，あるいは初対面であっても掲示板への投稿などであれば，ふさわしい場合がある。

　友人同士のメールでは，音声言語の会話では容易に伝わる声のトーンや表情などのパラ言語的情報を補おうと，「(^^;)」「(T_T)」のような顔文字を用いることもある。筆者の見るところ，「顔文字とは何か」について「読む」教材はあっても，顔文字を「書く」ように教える教材はないようである。

　一般的に絵文字は，依頼や謝罪など書き手側に負の感覚がある場合は，丁寧さが下がるので使うべきではないと教えられることが多い。しかしこの問題もまた，絵文字だからだめという単純な結論では語れない。これまでの日本語教育が「場面」を無視していたこと，「手紙」の書き方では，出す相手が先生であったりお世話になったホストファミリーであったり，初対面の人であったりするものが多

いことなどから，絵文字を使うことはよくないとされてきたと考えるべきである。

そのようなフォーマルなものばかりでなく，親しい友人やサークル仲間に対する軽い依頼や断りを成功させるには，絵文字が効果的に働くこともある。敬意表現の微妙な違いだけでなく，それぞれの場面における相手に応じた依頼方法の使いわけに関することをもっと積極的に教えたほうがいいと言える。

メールの文体は，確かに話しことば的だが，書きことばとしての制約もあり，「話す」とは異なる能力が求められる。そのもっとも大きな特質とは，メールによるコミュニケーションは，双方向的でありながら，実はかなり一方向的であるということである。

たとえば，何かの依頼をする際，「話す」であれば，相手の発言内容や表情・態度などを読み取って，会話の途中で依頼の仕方を変えたり，依頼を取りやめたりすることが，容易にできる。

しかしメールでは，携帯電話によるメールのような1行文の応酬を除けば，ある程度のまとまった談話を一気に送らなければならない。その際，依頼に対して相手が断れる余地を同時に用意したり，自分が強引でいやな人間だと思われないように，人間関係を良好に保つためのさまざまな配慮や工夫をしたりする必要が生じる。ある意味，面と向かって「話す」よりも敬意表現などに細心の注意を払わなければならないのが，メールである。

次の(18)は，催促する際に「～(てほしい)のですが…」を使うことができる学習者が書いたものである。

 (18) (催促のメールで)
    すみませんが××をすぐに送ってほしいのですが。
    ちょっと急いでいるのですが。

(18)では，婉曲のストラテジーとして言いさしの「～のですが」を繰り返し使っている。学習者は，日本語でものを頼んだり催促したりするとき「～ほしいのですが」を使うことは知っていても，一方向的なメールで「～が」を多用すると押しの強さを感じさせる表現になってしまうことには気が付いていない。そういったことを含め，話すための文法と書くための文法の違いについて，適切に指導することが望まれる。

5. 情報伝達技術に関する教育も必要

　依頼などのメールや手紙を「書く」ときにもっとも重要な技術は，いかに相手が必要とするであろう情報を，単刀直入に，分かりやすく，しかも失礼にならないように示せるかである。

　メールや手紙以外でもこのような技術を必要とする書く場面は多い。たとえば，大学院進学を希望している人が，研究計画書を持って大学教員のところに相談に来ることがある。研究計画書は，入学願書の一部であるが，言うならば，大学院に入学したい人がその希望がかなえられるように，大学院の教員に自分の研究上の情報を伝える手段である。入学を許可してもらえるように，伝達すべき内容がもれなく順序よく書かれていることが要求されている文書なのである。

　しかし，初めての研究計画書の場合，何をどう書いたらいいのかが分からずに迷ったまま，漠然と書いているものが多い。扱うテーマについて一般的なことを述べているだけで，あとは受講したい科目を列挙しているなど，志願者本人の研究内容について，具体的なこと，読み手が知りたいことは何も記していない。

　そのような漠然と書かれた研究計画書を読んだ教員は，「まだ先行研究にも当たっていないのか」とか「この人は本当に何かについて追究したいと考えているのだろうか」とか「近い将来論文が書けるのだろうか」とか「大学院を学部5, 6年生と思っているのだろうか」などの疑念を持ってしまう。

　漠然とした不明確な書き方しかできないのは，読み手が必要としている情報は何かについて考えが及んでいない，つまり，書いている文書の目的を正確に把握していないことによる。

　母語ですでに研究計画書を書いた経験がある学習者は，日本語の語彙や文法に多少間違いがあったとしても，それなりにうまく書けていることがある。つまり，研究したい領域，その分野についてどれぐらいすでに知識を得ているか，テーマが明確で絞れているか，進学の目的意識，研究者としての素質，大学院という場や指導教員と研究の関連付けなど，読み手が知りたい情報が過不足なく盛り込まれて順序よく書かれていると，研究計画書としての伝達の目的が達成される。このことは，情報伝達技術に関する能力が，個別言語

を越えたところにあることを意味している。

　そこで，さまざまな書く場面で，談話の文法よりもさらに遡って，まずどんな情報を示すべきかを把握させることが，教育において重要になる。どんなことをどんな順序で書くべきかを計画立てることができるようにするのは，「書く」の日本語教育の一部として取り入れるべき技術である。

　情報伝達に関する技術を得させるための教材開発においてまず考えるべきことは，とにかく現実にありそうな場面，うまく書かなければ自分が不利益をこうむる場面を取り上げることである。そして，その場面の文書が，判断材料となる情報を伝達するものか，お詫びのように読み手を納得させるなど感情に働きかけるものか，誘いのように読み手に行動を起こさせるものかなど，どのような目的・意図で書かれなければならないかを把握させる。さらに，その文章を書くときに，どんな情報をどんな順序で書けばいいかを考え，読んだ人が不快に思ったり誤解したりしない日本語を書かせることである。

　「日本語能力」そのものは習得に時間がかかるが，情報伝達技術に関する能力は，少ない時間で比較的大きな成果が得られる。もっと情報伝達技術を重視した「書く」教育を行うべきであると考えられる。

6. 先生に会ってもらうための伝言を書く

　普段の日本語クラスでは優秀な学習者であっても，実生活上で短いメモなどを書いた場合に，不自然な文を作ることがよくある。
　例として，(19)のような場面設定で初級後半の学習者によって書かれたメモ(20)を見てみたい。

　　(19)　あなたは今，××先生の研究室の前にいます。大学進学のための推薦状を書いてもらいたいと思っています。研究室へ3回来ましたが，先生はいません。明日もう一度来てみようと思っています。先生の研究室に残すメモを書いてください。

　　(20)　××先生
　　　　　　おはようございます。私は○○クラスの○○と申します。お元気でいらっしゃいますか。きょう私は3回研究室へ参

りました。でも先生はいらっしゃってなかったです。
　　　　　私は来年大学に入りたいですが，明日暇だったら，先生
　　　　が私に推薦状を書いてくださいませんか。
　　　　　明日もう一度来るつもりです。　　　　　　　　○○

　初級後半ということもあり，敬語を使うこと自体は十分意識に上っている。しかし，この伝言メモの名乗りの部分，「○○と申します」は「○○です」に敬意を加えた表現にはならない。自己紹介したり知り合いの家に電話をかけたりする練習で名乗るとき「○○です」を丁寧に言うと「○○と申します」になることを教室ではよく教える。しかし，読み手である××先生が自分のことを知っているこの場面では不適切である。名乗りという機能にも，相手が自分を知っているかどうかで使い分けがあることも教えるべきだろう。
　依頼の部分も，丁寧に頼もうと思ってはいるようだが，「先生が～書いてくださいませんか」のように動作主を明示しているので，丁寧度が落ちていることには気が付いていない。
　「明日暇だったら」は誘いの場合はいいかもしれないが，依頼では「お忙しいところすみませんが」のほうが一般的であろう。さらに，「お願いがあるのですが」のような依頼の予告に当たる表現を入れると，より丁寧度が上がる。
　「3回来ましたが，先生はいらっしゃいませんでした」のように，自分が研究室を訪ねた事実をそのまま言い切りの形で述べると，読み手の先生に非難めいていると受け取られる可能性がある。「3回ほど来てみましたが，いらっしゃらないようなので」のようにいわゆるぼかし表現と推量の形で述べると，読み手を配慮した対人調整機能の働いた表現になる。
　「ようだ」「みたいだ」は初級で学習する文法事項だが，(21)と(22)に見られるような，感覚によって得られた情報に基づく話し手の主観的推量や判断を表すモダリティとしての本質的な説明のみでは，対人調整機能に結びつけるのはむずかしいだろう。
　　(21)　「～ようです」は話し手の主観的な推量を伝えるが，それは感覚器官を通して得られた情報に基づくものである。
　　　　　　　　　　　　　　　　　　　　［原文は英語。由井訳］
　　　　（『みんなの日本語 初級Ⅱ翻訳・文法解説 英語版』p.135）
　　(22)　「ようだ・みたいだ」はその場の状況からの判断を表す

　　　　表現です。　　　　　　　（庵功雄（他）（2000：p.129））
　これらの説明は，文法カテゴリーであるモダリティとしての機能を一般化・抽象化して叙述したものである。一方，(23)はより具体的な使い方の記述である。
　(23)　「ようです」ははっきり言いたくないときにも使います。
　　　　客：この靴，どうかしら。
　　　　店員：どうぞ，お試しください。
　　　　客：ええ，ありがとう。
　　　　　　あれっ。
　　　　店員：<u>サイズが合わないようですね。</u>
　　　　　　　　　　　（『日本語初中級―理解から発話へ』p.141）
　「はっきり言いたくないとき」は婉曲に述べたいときということになるだろうが，学習者にとってさらに必要なのは，研究室に来た事実を述べるのに，なぜ事実文の形で書いては不十分なのかという説明である。読み手側に関する事実を言い切りの形で述べると読み手が非難されているように感じてしまうなど，対人調整機能の面からストラテジーとして意識化させるのがいいのではないだろうか。
　「3回ほど」や「来てみました」に関しても，読み手に関係する事実，この場合は相手を訪ねるという自分の行為を直截的に言うのを避けるという文法記述が必要になる。
　そこで，たとえば次のような例文(24)と(25)を使ったタスク(26)のような教材が考えられる。
　(24)　今日私は3回研究室に参りました。先生はいらっしゃいませんでした。
　(25)　今日私は3回ほど研究室に来てみました。先生はいらっしゃらないようでした。
　(26)　2つのメモの文を比べてどちらが丁寧な感じがしますか。それぞれのメモを読んだ人はどのように感じると思いますか。
　タスクで表現とストラテジーの結びつきを学習者に気づかせ，意識化させた後，次の(27)のような状況を与えて，用件を伝えるメモを書かせる練習問題をさせるのはどうだろう。その際，失礼のない表現を使うことだけでなく，必要な情報が誤解なく適切な順序で提出されているかにも留意させることもポイントとなる。

(27) 指導教員とレポートの相談のために3時に約束していたが，先生は研究室にいなかった。今日はこのあと授業があるので，明日もう一度来るつもりだ。

7.「カチン」と来ない依頼メールを書く

次の(28)は，帰国した留学生からのメールである。非常にまじめに，敬語を使って丁寧に，そして話しことば的に書いたつもりなのであろう。しかし，これを読んだ教員は激怒したという。

(28) ○○先生，

こんにちは。私は×××です。先生は最近，今年の日研生達の小論文に忙しいですか？ 私は来週，卒業論文の発表をします。今準備しています。私は去年，○○先生が指導した「中国と日本の祭り」の小論文を卒業論文として出しました。こちら側の先生達が賛成しました。来週はこの論文について発表するつもりです。おいそがしいところを，お願い事が1つあります。「中国と日本の祭り」という論文は○○先生の指導のもとで，書いた論文ですので，こちら側の先生達は○○先生がこの論文について評語すると希望しています。[中略]便利のために，○○先生がe-mailでこの評語を書いたほうがいいと思います。○○先生，お願いいたします。

だんだん暑くまります。先生もお体に気をつけてください。

私のe-mailのアドレスはxxxxxxxx@hotmail.comこのhotmailは日本語がちゃんと見えますので，先生がローマ字で書かなくて，日本語で書いていいですよ。

おねがいしますね。

中国の学生：×××

この本の「コミュニケーション能力を高める日本語教育文法」（フォード丹羽順子）でも指摘されている，「私は×××です」のような不自然な名乗り，「先生が指導した」のような恩恵表現の不使用，終助詞使用の不適切さなど，いろいろと問題の多いメールである。だがこのメールでもっとも「カチン」と来る箇所は，「書いたほうがいい」「書いて(も)いい」のような，本来，パワーのある人がない人

に対して使う指示表現や許可表現を，学生が恩師に対して使ったことであろう。

「小論文に忙しい」「評語」「便利のため」「ローマ字で書かなくて，日本語で書く」などの，これまでの作文であれば必ず直される文法的・語彙的に不適切な表現も多々含まれているが，これらの誤用は「日本語の能力が低いのだな」と思われるだけで，言いたいこともわかるので，それほど問題にならない。しかし，待遇に関わる，「カチン」と来る誤用は，学習者がコミュニケーションにおいて不利をこうむらないために，非常に重要な要素となる。

類例としては，たとえば留学生が先生に相談の時間を取ってもらうために出すメールで，研究室に伺う日時を決める際，「〜にしたらいかがでしょう」「〜にしましょうか」や「〜にしたほうがいいと思います」などを用いると，待遇的には丁寧な表現であっても，偉そうに聞こえ，誤解される危険があるということがある。この場合，時間の決定に関わる提言を学生の側からするという，言語形式以前の，言語行動そのものが，敬意のルールに違反したわけである。

学習者に指導する際は，まず，メールでも話しことばがそのまま移行できないことがあることを認識できるようにしておくべきである。たとえば，話しことばと同じ内容をメールの文章に直すことにより，4．で取り上げた話すための文法と書くための文法の違いを含め指導できるだろう。先の(20)や(28)については，学習者が威厳を感じている人物の固有名を読み手として同定させた上で，不適切だと思う箇所に下線を引かせるような練習問題，さらには個々の場面の中での表現が適切か不適切かを指摘させ，それがなぜかということを認識させるような練習問題が，意識化のためのタスクになるだろう。

8. メールの件名，ポスターやチラシの見出し

「話すための日本語教育文法」（山内博之）でも述べられているように，コミュニケーションをスムーズに行うには，相手に「先を予測させる」ストラテジーを使用することが重要である。

メールでは，メール本文に目を通す前に見るであろう「件名」が，読み手の予測を適切な方向に向けるために機能しなければならない。(29)や(30)のような件名は，時に怪しいメールと勘違いされ，場合によっては削除される危険がある。

(29) ぜひお読みください
(30) Lee Fenchao from Hong Kong

(31)や(32)のような件名なら，まず怪しくないことがわかるし，続く本文が，道順や相談内容などの情報なのだろうと予測できる。

(31) 市民ホールへの行き方
(32) 会議日程についてのご相談

ところで，(31)や(32)は名詞句になっているが，(33)のような，学生が教師に宛てた翌日欠席する旨を伝えるメールの場合は，名詞句が件名として使えない。(34)のようにしても不自然さは残る。

(33) ＊明日の欠席
(34) ？明日の欠席について

では動詞ならいいのかというと(35)もこの場合使わない。メールの件名として辞書形が文末に来る動詞文は不自然なようで，(36)のように動詞のマス形にするとすわりがよくなる。

(35) ＊明日休む
(36) 明日欠席します

(31)と(32)のような情報のトピックや，「相談」「案内」「予約確認」「送付」などの行為を件名にするときは名詞句が使える。(36)のように件名において連絡すべき内容そのものを伝達する場合は，名詞句が使いにくい。なお，読み手が教師ではなく，友達同士の場合は(35)や名詞止めの「明日欠席」も可能である。

ちなみに(36)には「明日」という表現が用いられているが，メモやメールでは時間差にも配慮して，「きょう」「明日」などの時間的直示表現は避け，日付や曜日を使うほうがいいだろう。

ポスターやチラシも，メールの件名と同様，まず読み手の目を引く見出し部分に何を書くべきか，どのような文の形にすべきかが重要である。ある学習者が，語学の交換教授の相手を募集するポスターを作成したとしよう。このとき(37)や(38)のように，見出し部分に形容詞文や動詞文の言いきりが来ると，不自然である。

(37) ＊私と日本語で話す人がほしい
(38) ＊私と日本語で話す人を求める

この場合，格助詞「を」を省略して，(39)のように名詞止めにするか，(40)のように「〜ています」の形にするか，(41)のように古語体にすると落ち着きがよくなる。

(39) 　私と日本語で話す人募集！
(40) 　私と日本語で話す人求めています
(41) 　私と日本語で話す人求む

　見出し部分だけでなく，下の(42)に見るように，ポスターの本文中でも，「～てほしい」は避けられ，(43)と(44)のように「～ください」にするほうがいいという文法的特徴がある。

(42) 　＊下の番号に電話してほしい
(43) 　下の番号にお電話ください
(44) 　下の番号にご連絡ください

　ポスターなどで相手募集を呼びかけて依頼をする場合は，口頭表現に見られるような「～てほしいんですが」や「～てくださいませんか」などの婉曲的で丁寧な表現は不適切になる。むしろ，直截的な表現のほうが適しているのである。

9. 奨学金申請書類の中の「作文」

　2.では，「私の国」や「私の夢」などの作文が，無目的な文法を定着させるという目的のもとに行われているとして批判したが，そのようなテーマの作文が実生活において役立つように見えることがある。それがたとえば奨学金申請書類における自己ＰＲ文である。
　しかし，自己ＰＲ文は，一見「作文」と同じように見えても，両者はまったく違う。ここで留意すべきは，書類の場合は読み手を想定して書く必要があるということ，すなわち，一人語りのようでありながら，読み手にいい印象を与えるように書く必要があるということ，もっと具体的に言えば，読み手が奨学金を出す価値があるかどうかを審査する立場であることを考慮して，判断材料となる情報を効果的に提示する必要があるということである。つまり，一方通行のようではあるが，これも書き手と読み手の間のコミュニケーションの一種である。
　ここでは，大学生が書いた，奨学金申請書類の一部として求められる「将来の夢」「自己ＰＲ」という課題で書かれた，次の(45)と(46)を例に，文章の目的と書き手と読み手の関係について考えていきたい。

(45) 　「将来の夢」
　　　私は将来，国と日本の国際交流の仕事がしたいです。私

は日本語教師になりたいから，××大学の日本語学科で勉強しているのです。将来は国に帰って日本語教師になるつもりです。そのために大学院で文法を勉強したいです。
　　　［以下，省略］
(46)　　「自己ＰＲ」
　　　私は３年前に日本に来ました。大阪の日本語学校で１年間勉強しました。その後，××大学に入りました。日本に住んで３年間ですが，日本人は親切な国民だと分かりました。［中略］
　　　私は去年から〇〇施設でボランティアをしています。ボランティアに参加して，日本は福祉が進んでいることを知りました。

　これらの文章は，狭い意味での文法的な誤用は少ないが，奨学金の申請書類としては非常に拙い印象を受ける。読み手である奨学金の審査員は，どのように評価するであろうか。おそらく，奨学金申請者として書き手が未成熟であるという印象を持ってしまうのではないだろうか。
　(45)の「将来の夢」では，希望を表すのに「～たいです」を使っている。ここでは，「～たいと思っています」「～たいと考えています」のように希望の状態性を薄めた表現に直すとよくなる。「～たいです」では希望を持っているという心の状態を表しているに過ぎないが，「～たいと思っています」「～たいと考えています」にすると，希望内容が思考の対象となる。対象化すると，その思考に基づく次なる行動が続くと期待される。つまり，「将来の夢」という文脈では，その希望の達成に向けて主体的に行動しようとする意欲の意味が副次的に加わるので，奨学金申請書類のように書き手の積極性をアピールする目的の文章ではより適切になる。
　ここでは，審査員という読み手と，奨学金申請者である大学生という書き手，および文書の目的が，文法の適切さを決める要因となっている。
　次に，(46)の「自己ＰＲ」文では，過去の体験を単文の「～た」の羅列で表しているので，拙い印象を与えてしまっている。「大阪の日本語学校で１年間勉強した後，××大学に入学しました」や「〇〇を勉強するために，××大学に入学しました」のように時や目的

の副詞節を使って，複文にすると印象がよくなるのは言うまでもない。日本語能力の上達にしたがってより複雑な文を産出できるようにするという一般的な目標を目指すだけでなく，論理関係を明示的に示すことが，文書の目的にかなっていることを強調すべきだろう。

さらに，(46)の「日本人は親切な国民だと分かりました」や「ボランティアに参加して，日本は福祉が進んでいることを知りました」を「〜であることを垣間見た」「だんだん分かるようになってきた」「〜の一端を知ることができた」などに変えたほうが，読み手にいい印象を与える。これは，1つには作文に書かれている話題が審査員側の領域，すなわち日本に属することであるので，謙遜のストラテジーを使ったほうがいいということである。

もう1つの理由も考えられる。それは書き手の社会的役割が学生であることに関係している。学生は成長途上にある立場だと審査員は捉えている。成長しつつあることや事実認識に対して慎重な態度を示すことができる表現のほうが望まれるだろう。学習者によっては，変化を表す表現が習得しにくいということもあるが，どのようなときになぜ変化を表す表現を選んだほうがいいかを説明すべきだろう。

これとは逆に，たとえば中国の留学生が自国のことを述べる場合も，「中国は福祉が進んでいます」と言い切るよりも，「中国は福祉が進んでいると言われています」としたほうが好まれるということになる。

読み手や書き手の社会的立場など，参加者の役割と関係も文章の目的に関わり，選択される表現の決定に影響を及ぼす。また，話題と読み手との関係も好まれる表現選択に関わるので，文法に関係づけられる。話題や参加者の役割などの場面の構成要素から日本語教育文法を考えてみる価値があると思われる。

教材化した場合，上に述べたような説明は，学習者にとって複雑すぎることもあるだろう。最小の文法単位（助動詞や助詞など）に分解して説明しようとするのではなく，「〜たいと考えています」「〜の一端を知ることができた」などを1つのフレーズとして教えるほうがいい場合もある。表現単位は，形態素レベルにこだわらず，場面に即して大きく捉えることも重要である。場面別表現集のような教材も有益になるだろう。

10. まとめ

この論文では，コミュニケーションのための「書く」教育の方向性を示すという観点で，さまざまな文書の特徴を見てきた。ここまで述べてきたことをまとめると，次の(47)から(50)のようになる。

(47) 「書く」技能は，「話す」技能に比べてコミュニケーション能力の観点からの研究が遅れている。また，教育現場でも作文が主流で，コミュニケーション能力を高めるための教材開発も遅れている。書いて伝えるコミュニケーションの正確さは，文法項目の定着を目的とする作文教育では培われない。

(48) 作文で重視する「正確さ」は，日本語学的な「無目的な文法」中心の考えに基づくものである。これまでの作文教育では，具体的な「場面」を考慮することが欠けており，本当に必要な文法項目についての議論があまりなかった。そのために学習者は，待遇的に不適切な表現や，情報伝達の点から不十分な文章を書くことが多かった。情報伝達技術を向上させるための練習問題を用いた，実用的な「作文」教育を進めるべきである。

(49) 「場面」は，書き手・読み手や，紙・電子メールなどの媒体，依頼や名乗りや自己ＰＲなどの機能，「明日もう一度来ることを伝えるため」などの目的，話題などを構成要素としている。個々の場面・文書の特性によって，目的や読み手との関係，機能，文法形式などは異なる。メールの場合は本文だけでなく，どんな件名をつけるかとか，あるいは掲示板などにわかりやすい広告を書くにはどうしたらいいかなど，「書く」コミュニケーションは多岐にわたる。

(50) 「書く」ための文法は，学習者に意識化させなければ，自然に使用できるものではない。話しことばの文体を書きことばに単純に書き換えたり，「無目的な文法」を具体的な場面に「応用」したりするだけでは達成できない。

さらに，以上の教育実践のための基礎的研究として，これからの日本語教育文法研究においては，具体的な場面について，その場面を構成している要素を分析の手がかりとして多元的に文法分析する必要がある。機能のカテゴリー化，ジャンルのカテゴリー化，書き

手と読み手の関係によるカテゴリー化，話題のカテゴリー化，媒体のカテゴリー化など，さまざまなカテゴリーを含む多元的システムとして表現を検討し，文法を再構築する必要があると思われる。またその際，表現単位を柔軟に捉え，形態素の単純な足し算ではない文法を考えていくべきである。

調査資料

『＜日本語＞作文とスピーチのレッスン～初級から中級へ～』，鵜沢梢，アルク，1998．

『日本語初中級―理解から発話へ』，名古屋ＹＷＣＡ教材作成グループ，スリーエーネットワーク，1995．

『みんなの日本語 初級Ⅱ 翻訳・文法解説英語版』，スリーエーネットワーク（編），スリーエーネットワーク，1998．

『みんなの日本語初級 やさしい作文』，門脇薫・西馬薫，スリーエーネットワーク，1999．

『らくらく日本語ライティング（初級後半～中級）』，田口雅子，アルク，1995．

引用文献

庵功雄・高梨信乃・中西久実子・山田敏弘（著），松岡弘（監修）(2000)『初級を教える人のための日本語文法ハンドブック』スリーエーネットワーク．

あとがき

　この本でいちばん主張したかったのは，次のようなことです。「これまでの日本語教育は，無意識のうちに日本語学的な文法に従って教材を作り，教育を行ってきた。これからは，学習者にとって本当に必要な文法を考えて教材を作り，教育を行わなければならない」

　このことを私があるシンポジウムで話したとき，「野田先生は日本語文法セルフマスターシリーズの「は」と「が」など，日本語学習者のための文法テキストも書いてこられたが，それとの関係はどうなのか」という質問を受けました。それに対しては「昔はそんなこともしていましたが，時代がそうだったからとはいえ，間違いでした。反省しています」と答えました。

　そうツッコまれたらこうボケるしかないというとっさの計算もあったかもしれませんが，それは本心でした。そのあとさらにその思いが強くなってきています。昔やったことの罪滅ぼしのためにも，学習者が少ない努力で大きな成果をあげられる日本語教育のための文法を作っていかなければならないと決意を新たにしています。

　この本は，最初の企画から完成まで4年半かかりました。最初は漠然としていた執筆者の考えが，合宿やメーリングリストでの激しい議論を通じて，だんだんはっきりしてきました。この本のどの論文も，執筆者全員の協力でできあがったものです。

　本の完成までにはいろいろな方々のお世話になりました。首都大学東京のダニエル・ロングさんには社会言語的能力の観点から，また，非母語話者の立場から意見をいただきました。早稲田大学の蒲谷宏さんには待遇表現の観点から助言をいただきました。原稿のチェックや索引の作成では，執筆者である松崎寛さんのほかに，南山大学研修生の舩橋瑞貴さんに多くの作業をしていただきました。出版に関してはくろしお出版編集部長の福西敏宏さんを窓口として，市川麻里子さんに編集作業をしていただきました。

　理念を言うのは簡単ですが，具体的に教材を作っていくのは大変です。これから，さまざまな人たちが競い合って，本当に革新的な教材がどんどん生まれることを願っています。　　　　（野田尚史）

もう10年以上も前のこと。「命令形」を導入，練習した授業が終わったあとで，「先生，今日の授業ありがとう。これから銀行に行って『金を出せ』って試してみるよ」とウィンクしながら教室を出て行ったネパール人の学生…。そのショックから抜けきれず，どうしたら「練習のための練習」にならずにすむだろうかと何年間も悪戦苦闘，試行錯誤して行き着いた結論は，「『命令形』なんてやらなくていいじゃん」でした。そういう目で「いわゆる初級文法」を見直すと，「どうしてこれを教えるの？」「どうしてこれを教えないの？」という項目が次々現れて大変なことに。でも，他の執筆者と議論を重ねるうちに，やはり今こそ見直しが必要なのだと確信を抱くようになりました。
　　　　　　　　　　　　　　　　　　　　　　　　（小林ミナ）

　日本語学が専門でありながら日本語学的文法の批判をするという厄介なお役を仰せつかり悪戦苦闘しました。下手をすれば自己矛盾になりかねないミッションでしたが，「こういう論文が書ける人は，いそうでいないんや」とか「日本語学でそれなりの仕事をしている人が言ってこそ意味がある」という野田さんのおだてに乗せられて何とか脱稿しました。でも，「もっとハジけて！」という叱咤激励は辛カッタ。歯に衣着せぬ他の執筆者の面々からの意見も勉強になりました。また，様々な研修会やシンポジウム（金沢，札幌，東京，台北，台中，福井）で考えを発表する機会に恵まれました。それらの席で話を聞いてくださった方々にも感謝します。　　（白川博之）

　今回いちばん多く原稿を書き直したのは私だと思います。去年8月にほぼ最終稿のつもりで出した原稿に対する野田さんのコメントには「わからない！」が63回連発されています。「書き方の個性だとか文体だとおっしゃるかもしれませんが，そういうことではなく，論理的に，かつ，わかりやすく書くということは…」とあります。皮肉にも，そのころ私はライティング評価の原稿を書いていたのですが，1ヶ月ぐらい文章が書けなくなってしまいました。でも，今は本当に感謝しています。「書き直させられた」のような使役受身は，やはり，あまり使う場がないのではないでしょうか。昔すごく苦労して英語話者に使役受身を教えたとき，ふと学生のノートを見ると「have to」と書いてあり愕然としたのでした。　　（田中真理）

あとがき

　対照研究をやるようになって10数年。その間ずっと「対照研究の成果を日本語教育に生かす」ことを考え続けてきました。国立国語研究所の報告書として『対照研究と日本語教育』(くろしお出版)という本もつくりました。しかし，一方ではずっとしっくりこないものを感じてもいました。今はその理由がよくわかります。学習目的あっての日本語教育文法。学習目的を抜きにして「母語別日本語教育文法」を考えても，結局は「無目的な文法」にしかならない。それがわかるまでにはずいぶん時間がかかりました。わかった後も「言うは易し，行うは難し」でした。原稿を書き終えて「次の一歩」が見えてきた。そんな気持ちでいます。
　　　　　　　　　　　　　　　　　　　　　　　　　　　　(井上優)

　「『でしょう』はていねい形だから，目上の人に対しては常に使っている」と聞いたときは，私まで青くなりました。文法項目を導入したら使用のための練習をさせなければならないという，これまでの日本語教育が生み出した結果の1例と言えます。私自身，教材を作る際に，いくつかの文法項目について練習問題が作れなくて，真面目に悩んできました。この原稿を書きながら，それは，そんな使用練習問題を作る必要がなかったからだとわかりました。一方で，これから作らなければならない練習問題がたくさんあります。それを作ってはじめて，コミュニケーションのための日本語教育文法の第一歩が始まるのだと思います。
　　　　　　　　　　　　　　　　　　　　　　　(フォード丹羽順子)

　「松崎君もここらで発音以外に挑戦してみない?」と「恩師」に誘われたのが2002年の夏。遠慮なく議論しあえるように「先生」使用禁止，執筆者全員を「さん」で呼ぶよう言われ，最初は人名の使用を回避してメールを書く日々…。その後，執筆者間で交わしたメールは2000以上。深夜まで夢中で議論し，多くのことを学び，考えが大きく変わりました。演歌の山本譲二は，北島三郎を自然にオヤジと呼べた瞬間，何かが変わったとTVで語っていましたが，私も本の完成前，怒涛の勢いで徹夜仕事をする中，ようやく「野田先生」を自然に「ヒサシ」と呼べるようになりました。まだまだ「聞く」を研究していると言える状態ではありませんが，今回の執筆は，文法嫌いだった私の研究生活の転機になりました。
　　　　　　　　　　　　　　　　　　　　　　　　　　　　(松崎寛)

趣味は文法，特技はＯＰＩ。履歴書にはいつもそう書いている，というのは冗談ですが，この２つの接点をずっと探し求めている，というのは本当の話です。ＯＰＩの門をたたき，テスターになったのが10年前。それ以来，タスク重視のＯＰＩと，教室で教えるべき文法との間で，ずっと頭を悩ませてきました。この２つ，一方を立てるともう一方が立たなくなるんです。ロールプレイなどでタスク中心の授業をすると，どのような文法を教えればいいのかわからなくなり，文法中心の授業をすると，その後の応用練習がとってつけたようなものになってしまう・・・。しかし，この本を執筆する過程で，その答えが少し見えてきたような気がします。　　（山内博之）

　「理解組」の私と松崎さんは，このプロジェクトの立ち上げから少々遅れて参加しました。札幌合宿で相談しているとき，２人でこんなことを話したのを思い出します。「この執筆陣の中では，これまで自分の領域で積み上げてきたものが多い人ほど苦労するね。私と松崎さんは，畑違いのことをしてきたから失うものもないし，いちばんハジけられるはず」と。その成果がどこまで実を結んだかは自信がありませんが，私の中では確実に次のステップに踏み出せたと思っています。執筆者のみなさまにはお世話になりました。とくに松崎さんの協力がなければ，私の原稿は完成には至らなかったと思います。本当にありがとうございました。　　（宮谷敦美）

　とてもよくできる学習者なのに，研究室のドアに残されたメモや送られてきたメールの文面が変，といったことをときどき経験していました。教室での作文教育ではいったい何が足りなかったのかという疑問が，この本を書きながらだんだん解けてきたように思います。語彙や助詞などの使い方が不適切，これらは指導すべき大事なポイントですが，それだけで止まっていました。もっとよく見れば，見えていたはずなのに，学習者の日本語を見るとき，ある一定の型にはまっていたようです。新しい思考回路を開くのはたやすいことではありませんでしたし，これからの部分もありますが，日本語を教える楽しみがまた増えたように思います。　　（由井紀久子）

■索　引

【アルファベット】

A Dictionary of Basic Japanese Grammar　107
An Introduction to Modern Japanese　4, 12
Basic Japanese　5
『ＩＣＵの日本語』　67, 72-73, 80
Intermediate Japanese　5
Japanese for Busy People　30
Japanese for Professionals　11
ＫＹコーパス　65, 73-72
Ｎグラム統計　152
Nakama　109
Nihoñgo no hanasikata　1
ＯＰＩ　65, 73, 79, 148-149, 151-152, 161
Situational Functional Japanese　4, 16-17, 27, 30, 32, 36, 50, 110-113, 117, 122, 138
ＳＰＯＴ (Simple Performance-Oriented Test)　136
Total Japanese　116
Yookoso!　122
「！」　193

【あ】

相手が断れる余地　194
相手に発話させやすくする　162
相手や媒体に応じた内容の選択　192
「あげく」　140
「あげる」　47, 67, 90, 96, 98, 178
「あげる」と「もらう」　98
与え手主語　97-98
「あちら」　89
アドバイス　116
誤りの傾向　142-143
謝る　13
アラビア語話者　70
「あります／います」　89
「ありませんか」　87
暗唱　143, 174
安全性　40, 109

【い】

言い切り　36, 116, 140, 197-198, 201
言いさし　27, 135, 139, 194
「いいです」　135
言いよどみ　29, 35
言い訳　56, 157, 160
易から難　53, 131
イ形容詞の活用　32
イ形容詞の否定形　34
意見文　76, 99, 100, 181
意識化　192, 198, 200
一方向(的)　131, 194
一律の文法　11, 83-84, 87
一斉授業　11, 175
イニシアティブを維持する　163
「います」
　「あります／います」　89
依頼　14-15, 91, 136, 180, 193-195
依頼のストラテジー　56
依頼の予告　197
インドネシア語話者　66, 70
イントネーション　29, 120-121, 173
インフォメーション・ギャップ　23
インプット　75, 78
引用　116, 119

【う】

ヴォイス　64
受け手主語　97

受身　178
　間接受身　66, 72-73
　自動詞の受身　73
　他動詞の間接受身　73
　直接受身　65-66, 72-73
　持ち主の受身　66, 72-73
受身文　4, 6, 48, 68, 78, 140, 175, 190
　独特な受身文　48

【え】
英語話者　66, 70
エッセイ　181
エリート日本語学習者　3, 53, 101, 187
婉曲　116, 198, 202
婉曲的な命令　123
婉曲のストラテジー　194
遠慮　86-87

【お】
「お〜」　89
応答詞　36
教え方を工夫する　23, 54
教えても習得されない文法項目　10
教える価値　149
教える単位　118
教える内容　23, 30, 54
「教える－習う」　98
押しつけがましく聞こえる　71
音の識別　142-143
恩恵　68-71
恩恵表現　199
音声　7, 128
音声言語　193
音調　139, 142
音読　173-174

【か】
「書いて，伝える」力　191
顔文字　193
書き手の意図　179
学習効率　83
学習者の視点　24, 40, 43, 45-46, 50, 55, 59, 83, 105
学習者の多様化　3, 11, 53
学習者の負担　4, 10, 30, 66, 75, 102, 132, 177
学習目的　3, 98-99
格助詞　6, 12-13, 137, 149, 201
拡大解釈　50, 60-61
書くための文法　110, 116, 194, 200
確認要求　120, 159
過去完了　58, 96
「〜が 上手です／下手です」　89
過剰に一般化　76
「貸す－借りる」　98
「〜が 好きです／嫌いです」　89
「〜が 〜たいです」　89
カタカナ　182
「カチン」とくる（誤用／表現）　120, 199, 200
活用の誤用　138
「〜が 欲しいです」　89
「から」　109
「〜から電話がある」　191
「借りる」
　「貸す－借りる」　98
「〜が わかります」　89
変わった用法　48
含意関係　73
環境　3, 66, 172
韓国語話者　12, 75, 84, 86-88
漢字（の読み方）　173-174, 182-183
漢字系（の）学習者　13, 122, 183
感情を害する（誤用／表現）　14, 120, 122

索引 213

間接受身 66, 72–74
勘違い 158–159
間投助詞 4
勧誘 87, 121, 162

【き】
『聞いておぼえる関西(大阪)弁入門』 11
記憶力 138, 174
機器の使い方 50, 190
聞くための文法 110, 116, 118, 133
聞く目的 131
技術研修生 30
記述的な文法 5
希望 15, 178, 203
基本的な文型 26, 32
キュー 160
共感 29
教室の指示のことば 135
共話 139
許可 27, 93, 200
「嫌いです」
「～が 好きです／嫌いです」 89
銀行 55
銀行強盗 31–32
禁止 107, 151

【く】
「くれる」「くれます」 67, 89, 96–98, 138

【け】
敬意表現 194
敬語 67, 71–72, 135, 197
形式主義(の悪影響) 6, 47, 106
結果維持 94
結果残存 94–95
結果の状態 50, 60, 91
「けっこうです」 135

「結婚しています」 89
研究計画書 195
原稿用紙の使い方 191
言語(活動／行動) 56, 105, 111, 113, 131, 156, 171, 192, 200
検証 142–143, 176–177
謙譲(語／表現) 6, 9, 71
謙遜(のストラテジー) 136, 204
現場指示 57
件名 15, 200

【こ】
「ご～」 89
語彙項目 26, 90
語彙力 127, 168
後続文完成テスト 137, 140
呼応 134, 140
誤解 79, 157
誤解を与えない誤用 9
古語体 201
心の準備 134
語順 68, 84, 142
「こちら」 89
断り 15, 56, 135–136, 179, 194
コミュニカティブ 11, 40
  コミュニカティブアプローチ 5, 110, 113
コミュニケーション上の挫折 161
コミュニケーションの目的 15
語用論 67, 74
コントロール 131–132, 161

【さ】
再構築 133, 135, 168, 183
先取り相づち 139
「先を予測させる」ストラテジー 200
作文 174, 187, 189
挫折 105, 161, 163

挫折を起こさない工夫　161
「(さ)せてくれる」　65, 74
「(さ)せてもらう」　74
誘い　16, 121, 196-197
賛同　29, 122, 135

【し】
使役　6, 65, 135, 149, 178
使役受身　65, 74
字音の変換ストラテジー　183
「しかし」　141-142, 150-151, 181-182
時間的直示表現　201
自己ＰＲ　202
指示　107, 200
指示詞　57, 85, 131
　　現場指示　57
　　文脈指示　57
事実文　198
自然さ　112, 127
自然談話データ　33, 36, 38, 109
自然な(話しことば／日本語／会話)
　　4, 27, 30, 35, 70, 178
実現済み　95
「知っています」　89
質問　28, 87, 101, 132
失礼　9, 14, 35, 71, 93, 136, 195
視点　69-70
自動化　65, 139
自動詞の受身　73
自分の発話を予測させる　161
「じゃありません」　4, 109
社会言語能力　14, 188
社会的立場　204
謝罪　193
シャドーイング(shadowing)　137,
　　143-144
「じゃないです」　4, 109
「じゃなかった」　159
終助詞　4, 6-8, 13, 115, 135, 151, 199

従属節　49, 97-98, 178
習得過程　45, 148
習得順序　69
習得段階　149, 154
縮約形　112, 143
主語の省略　65, 135
授受表現　178
主題　77, 88
主張　180
使用　7
奨学金申請書類　202
上級らしい語　153
状況　56, 129-130, 132, 159-160
条件　8, 47, 64, 77-79, 178, 190
常識　10, 176, 179
使用実態　109
「上手です」
　　「～が 上手です／下手です」　89
情報伝達技術　195-196
情報のギャップ　158
使用能力　127, 178
使用能力と理解能力　141
省略　78, 84-85, 111, 128, 133, 140,
　　168, 178
　　主語の省略　65, 135
初級教科書　1, 9-10, 16, 31, 66, 71,
　　74, 106, 169
『初級日本語 げんき』　30, 46-47, 108,
　　120
助詞穴埋め問題　136
助詞脱落　138
『新文化初級日本語』　4, 14, 48, 59,
　　65, 72-73
心理的な要因　75

【す】
推測　75, 135-137, 142, 171, 176, 178
推量　119-120, 157, 197
推論　130, 135, 137, 176-177, 181

「好きです」
　「〜が好きです／嫌いです」　89
スキャニング　139
スタイル　101, 139
ストラテジー　10, 14-15, 64, 75,
　　　128, 163, 181, 180, 198
　依頼のストラテジー　56
　字音の変換ストラテジー　183
　代用ストラテジー　75, 77
　「たら」ストラテジー　79
　挑戦的ストラテジー　75
　「て」ストラテジー　77
　読解ストラテジー　181

【せ】
精読　175
接続詞　150, 181
接続助詞　109, 150
絶対テンス　49
説明文　180
「(さ)せてくれる」　65, 74
「(さ)せてもらう」　74
「せよ」　123
選択　117
前提　153, 181

【そ】
「そうだ」　134-135,
相対テンス　49
双方向(的)　131, 194
即時的(処理／反応)　128, 180
「そちら」　89
「それが」　139
尊敬語　6
存在文　110, 190

【た】
体系主義(の悪影響)　6, 46
体系(性／的)　5, 27, 46-47

対照研究の成果　5, 99
対人上の配慮　192
対人調整機能　197-198
「たいです」
　「〜が〜たいです」　89
タイトル　99
対比表現　142
代用ストラテジー　75, 77
対話モード　100
「たいんですが」　56
「確かに」　141-142
タスク　159-160
タスク先行型　154-155, 158-159
タスクリスニング　130
他動詞の間接受身　73
『楽しく聞こう』　133
『楽しく読もう』　114
「たぶん」　140
「たほうがいい(です)」　61, 116
「ために」　190
「たら」　8, 79, 89
「たら」ストラテジー　79
「だろう」　119
ターン　163

【ち】
地域における日本語　192
逐語訳　135
「〜ちゃう」　4
チャンク　66
中国語話者　66, 78, 85-87, 92-95,
　　　98-99, 101
抽象的な説明　50
『中・上級者のための速読の日本語』
　　　139, 183
中立的な文法　105
超級　65, 74, 149-150, 152-154
挑戦　159
挑戦的ストラテジー　75

直接受身　65-66, 72-73
「ちょっと」　15, 56

【つ】
ツブヤキ　174
「つもり(だ)」　34

【て】
「てあげる」　71
提案　121
ディクテーション　136, 143
　　２つ折りディクテーション　144
定型表現　74
提出順(序)　66, 106-107
ディスカッション　155
「ていただく」　72
定着確認　156
ていねい形　12-13, 32, 109, 119
　　否定のていねい形　38
ていねい体　99-100, 116, 121
丁寧(度／さ)　192, 197
ていねいな表現　107
定訳　92
「ている」　47, 58, 60, 91, 94
「てください」　106, 123
「てくださいませんか」　91
「てくださる」　72
「てくる」　91
「てくれたら」　178
「てくれる」「てくれます」　75, 89
テ形　6, 106
「てさしあげる」　71
「てしまった」157
「てしまったみたいなんです」　157
「でしょう」119
「でしょうか」121
「て」ストラテジー　77
出たとこ勝負　155-156, 160-161
「てはいけません」　6

「(てほしい)のですが…」　194
テーマ　187
「ても」　79
「てもいい(です)」　6, 8, 93
「てもいいですか」　30, 93
「てもらう」「てもらいます」　75, 90, 178
寺村秀夫　5, 52, 138
展開の予測　118, 139-142, 180-181
天気予報　10, 120
伝言メモ　187, 192

【と】
「と」　89, 132
同意　29, 90
どう教えるか　96, 148, 154
動機　84, 92, 98, 171-172
動作継続　91, 94
動作主を明示　197
導入順序　96
道路標識　31
当惑　157
「と思っています」　190
「とき」　49
特殊拍　143
独特な受身文　48
独話モード　100
「ところ」　177
「ところが」　181
「ところから」　175
「ところだ」　58
「どちら」　89
読解過程　176
読解ストラテジー　181
トップダウン　135
「とのこと」　192
「〜と」「〜ば」「〜たら」(「〜なら」)　47, 132
トピック　77

「○○と申します」 197
とりたて助詞 149
ドリル 34, 155

【な】
ナイ形 106
内省 176
「ないでください」 106–108
「ないです」 38, 109
内容要約 174
内容理解 137, 174, 183
ナ形容詞 89
「なさい」 123
なぜ他の表現ではだめか 60
何を教えるか 96, 148, 154
「なら」 6, 47, 77, 79, 150

【に】
ニーズ 11, 31, 53–54, 107, 113, 172
日本語運用(力) 27, 105
日本語学的文法 6, 52–59, 68, 158
『＜日本語＞作文とスピーチのレッスン』 191
『日本語初歩』 27, 34, 72
日本語能力試験 25, 170
日本事情 172
「によると」 134
人間関係 136, 180, 194

【ぬ】
盗み聞き 112, 130

【ね】
「ね」 7, 14, 29, 89–90, 116, 142, 151

【の】
能動文 68, 72
「のだ」 153, 158
「ので」 109, 190

「(てほしい)のですが…」 194
「のに」 76
ノンネイティブの日本語教師 101

【は】
「(れ)ば」 8
背景知識の活性化 171–172
パソコン 11, 193
パターンプラクティス 155, 160
発音 112, 173–174
発話意図(発話者の意図) 119, 136, 162
話しことば 17, 29–30, 118, 149, 193
話しことばと書きことばの文体 191, 194, 200
話すための文法 110, 116, 118, 133, 194, 200
場面 188, 192–193, 195
場面性 192
場面を細分化した応答練習 160
パラ言語的情報 193
範読 173
反復 160

【ひ】
比較疑問文 117
ビジネス場面 9, 11, 172
ビジネス(パーソン／マン) 30, 192
筆者の主張 180, 182
否定疑問文 86–87
否定のていねい形 38
非難 197
ひらがな 182
頻度 34, 40, 78, 97, 152

【ふ】
フィラー 151
不快感 72

復元の手がかり　178
複合した形式　157
副詞　140
複文　150, 153
2つ折りディクテーション　144
普通形　7, 12–13, 109
普通体　99–100, 112, 115
不満の意　76
文学作品　172
文型積み上げ式　5, 53, 133, 168–169
文体レベル　192
文法先行型　156
文末表現の制限　132
文脈指示　57
文脈の助け　192

【へ】

並立助詞　149
「下手です」
　　「～が 上手です／下手です」　89
変化を表す表現　204
変換ルール　183

【ほ】

ヴォイス　64
「ほうがいいです」　114
　　「たほうがいい(です)」　61, 116
方言　4, 11
方略　132
ぼかし表現　197
母語　12, 66, 83–84, 87
母語で確認　141
母語の感覚　94
母語の知識　183
「欲しいです」
　　「～が 欲しいです」　89
補助動詞　67, 150
ポーズ　28–29
ボトムアップ　135, 142, 177

【ま】

前置き　76–77, 118, 142
「まさか」　140
「ましょう」　16, 87, 121, 123
「ましょうか」　122–123
まず文法項目ありき　110, 133, 164, 170, 176, 192
「ません」　16, 38
「ませんか」　16, 87, 121
「ませんでした」　89
「までに」　89
マレー語話者　66
回りくどい会話　130

【み】

未完了　58
「みたいだ」　4, 134, 157, 197
見出し　180
道案内　50, 132–133
『みんなの日本語』　5, 8–9, 15, 28–29, 35, 49, 55–58, 66–67, 71, 76, 78, 84, 86, 88, 90–91, 94, 96, 106, 108, 115, 120, 132, 135, 148, 149, 150–151, 169
『みんなの日本語初級 やさしい作文』　76, 189

【む】

無助詞　111–112
無声音
　　有声音・無声音　143
無標　66, 68
無目的な教材　131
無目的な作文活動　190
「無目的な内容」の読み物　167
無目的な文法　7, 99, 106, 110, 170

【め】

名詞修飾節　16–17, 108

名詞止め 201
命令形 31
メモ 191, 197-198
　伝言メモ 187, 192
メール 15, 172, 193-195, 200

【も】
申し出 16, 122
申します
　「○○と申します」 197
目的 187
黙読 173-174
目標言語 75
文字 7, 128
文字教育 182
モダリティ 115-117, 197
持ち主の受身 66, 72-73
モニター 143
「もらう」 96
　「あげる」と「もらう」 98
問題(を)提起 101, 181

【や】
やりとりのスムーズさ 153
やりもらい 46, 65-70, 72-73, 178

【ゆ】
有声音・無声音 143
優先度 182

【よ】
「よ」 7, 89-90, 93, 116, 151
「ようだ」「ようです」 4, 134, 197, 198
「ように」 59
予測 10, 134, 137, 142, 162, 180
『予測してよむ聴読解』 140
予測文法（expectancy grammar） 139

「よね」 154, 159, 163
読むための文法 110, 117, 119

【ら】
『らくらく日本語ライティング』 191
「らしい」 4, 134
ラジオドラマ 129

【り】
理解 7
理解可能な表現 132
理解（できるだけでよい／できればよい） 8, 10, 65, 75, 87, 93, 127
理解能力 127
　使用能力と理解能力 141
留学生 3, 11, 30, 119, 131, 187, 192

【る】
類型論 70
「ること」 123

【れ】
レストラン 8, 156, 160-161
「(れ)ば」 8

【ろ】
ロールプレイ 155, 158, 161
論文 187
論理関係を明示的に示す 204
論理の型 180

【わ】
「わかります」
　「〜が わかります」 89
詫び 56

【ん】
「んです」 56, 157, 169

■著者紹介

野田尚史（のだ・ひさし）
- 【生まれ】1956年，金沢市
- 【学　歴】大阪外国語大学イスパニア語学科卒業，大阪外国語大学修士課程日本語学専攻修了，大阪大学博士課程日本学専攻中退
- 【職　歴】大阪外国語大学助手，筑波大学講師，大阪府立大学助教授，教授，国立国語研究所教授
- 【著　書】『日本語学習者の文法習得』（共著，大修館書店，2001），『日本語教育のためのコミュニケーション研究』（編著，くろしお出版，2012）など

小林ミナ（こばやし・みな）
- 【生まれ】1962年，横浜市
- 【学　歴】青山学院大学文学部日本文学科卒業，名古屋大学修士課程日本言語文化専攻修了，名古屋大学博士課程日本言語文化専攻単位取得退学
- 【職　歴】名古屋大学助手，北海道大学助教授，早稲田大学教授
- 【論　文】「日本語教育における教育文法」（『日本語文法』2-1，2002），「学習者の日本語の評価」（『講座・日本語教育学4　言語学習の支援』スリーエーネットワーク，2005）など

白川博之（しらかわ・ひろゆき）
- 【生まれ】1958年，東京都世田谷区
- 【学　歴】筑波大学人文学類卒業，筑波大学博士課程言語学専攻単位取得退学
- 【職　歴】筑波大学助手，広島大学講師，助教授，教授
- 【著　書】『「言いさし文」の研究』（くろしお出版，2009），『講座・日本語教育学6　言語の体系と構造』（共著，スリーエーネットワーク，2006）など

田中真理（たなか・まり）
- 【生まれ】兵庫県川西市
- 【学　歴】神戸大学文学部英米文学科卒業，国際基督教大学博士前期課程比較文化専攻修了，博士（学術）
- 【職　歴】インドネシア大学客員講師，国際基督教大学講師，電気通信大学助教授，名古屋外国語大学教授
- 【著　書】『Good Writingへのパスポート ―読み手と構成を意識した日本語ライティング―』（共著，くろしお出版，2014），『フィードバック研究への招待 ―第二言語習得とフィードバック―』（共著，くろしお出版，2015）など

井上優（いのうえ・まさる）
- 【生まれ】1962年，富山県南砺市
- 【学　歴】東北大学文学部言語学専攻卒業，東京都立大学修士課程国語学専攻修了，東京都立大学博士課程国語学専攻中退
- 【職　歴】国立国語研究所研究員，主任研究員，領域長，グループ長，教授，麗澤大学教授
- 【著　書】『シリーズ・日本語のしくみを探る1　日本語文法のしくみ』（研究社，2002），『そうだったんだ！日本語　相席で黙っていられるか―日中言語行動比較論―』（岩波書店，2013）など

フォード丹羽順子（ふぉーどにわ・じゅんこ）
【生まれ】1961年，名古屋市
【学　歴】南山大学文学部英語学専攻卒業，筑波大学修士課程地域研究専攻修了
【職　歴】城西国際大学講師，佐賀大学准教授
【著　書】Situational Functional Japanese（共著，凡人社，1991-1992），『わくわく文法リスニング99』（共著，凡人社，1995）など

松崎寛（まつざき・ひろし）
【生まれ】1966年，東京都新宿区
【学　歴】筑波大学日本語・日本文化学類卒業，筑波大学修士課程地域研究専攻修了，筑波大学博士課程応用言語学専攻単位取得退学
【職　歴】東北大学助手，広島大学講師，准教授，筑波大学准教授
【著　書】『1日10分の発音練習』（共著，くろしお出版，2004），『シリーズ日本語探究法3　音声・音韻探求法』（共著，朝倉書店，2004）など

山内博之（やまうち・ひろゆき）
【生まれ】1962年，名古屋市
【学　歴】筑波大学社会工学類卒業，筑波大学修士課程経営・政策科学専攻修了，大阪大学博士課程経済学専攻単位取得退学
【職　歴】岡山大学講師，実践女子大学助教授，教授
【著　書】『ロールプレイで学ぶ中級から上級への日本語会話』（アルク，2000），『ＯＰＩの考え方に基づいた日本語教授法 ―話す能力を高めるために―』（ひつじ書房，2005）など

宮谷敦美（みやたに・あつみ）
【生まれ】1970年，兵庫県上郡町
【学　歴】大阪外国語大学日本語学科卒業，大阪外国語大学修士課程日本語学専攻修了
【職　歴】岐阜大学助手，講師，愛知県立大学准教授，教授
【著　書】『聞いて覚える話し方 日本語生中継 中～上級編』（共著，くろしお出版，2004），『中級から上級への日本語』（共著，The Japan Times，1998）など

由井紀久子（ゆい・きくこ）
【生まれ】1961年，兵庫県西宮市
【学　歴】神戸女学院大学文学部英文学科卒業，大阪外国語大学修士課程日本語学専攻修了，大阪大学博士課程日本学専攻修了
【職　歴】大阪大学講師，京都外国語大学助教授，教授
【論　文】「ライティングのプロフィシェンシー向上を目指した日本語教育教材」（『日本語プロフィシェンシー研究』創刊号，2013），「ライティングにおける談話とプロフィシェンシー ―Eメールの教材化のために―」（『談話とプロフィシェンシー』凡人社，2015刊行予定）など

コミュニケーションのための日本語教育文法(にほんごきょういくぶんぽう)

2005年10月11日　第1刷発行
2015年 3月30日　第5刷発行

編者	野田尚史(のだひさし)
発行所	株式会社 くろしお出版 〒112-0002　東京都文京区小石川3-16-5 tel 03-5684-3389　fax 03-5684-4762 http://www.9640.jp E-mail: kurosio@9640.jp
装丁	折原カズヒロ
装丁イラスト	坂木浩子
組版	市川麻里子
印刷所	モリモト印刷株式会社

© NODA Hisashi 2005, Printed in Japan
ISBN978-4-87424-334-3 C3081

●乱丁・落丁はおとりかえいたします。本書の無断転載・複製を禁じます。